우리 고대사,
상상에서
현실로

윤내현의 청년을 위한 고대사 ❷

우리 고대사, 상상에서 현실로

윤내현 지음

만권당

· 머리말 ·

우리는 왜 지금 고대사를 말하는가

이 책은 전문 학술서가 아니라 필자가 역사학자로서 그동안 체험한 것, 느낀 것들을 짤막하게 적어본 것이다. 필자의 단상이라고나 할까. 그렇기 때문에 깊이 있는 논리 전개나 학술 이론 같은 것은 없다. 누구나 쉽게 읽을 수 있고 함께 생각해볼 수 있는 내용들이다.

사람마다 직업과 환경의 차이에 따라 체험도 다를 것이고 느낀 것도 다를 것이다. 여기 실린 글들은 한국 고대사를 전공하면서 교수라는 직업을 가진 한 사람의 체험이고 생각일 수밖에 없다. 그렇기 때문에 우리 사회의 지극히 작은 부분만을 말하고 있을지도 모르겠다.

그러나 이 책에는 필자 나름의 깊은 고뇌가 들어 있다. 역사를 공부하는 것은 과거를 올바르게 인식하면서 현실을 바로 보고 그것을 바탕으로 하여 밝은 미래를 설계하기 위한 것이다. 필자는 이러한 생각으로 역사를 공부하면서 우리 겨레가 미래에 영광을 누리기 위해서는 지금 무엇을 해야 할 것인지를 줄곧 깊이 생각해왔다. 이 책에 실린 글들은 그러한 고뇌 끝에 얻어진 결과물 가운데 일부이다.

필자의 생각이 모두 옳을 수는 없을 것이다. 그러므로 이 책에 실린 글들은 함께 이야기를 나누기 위해 꺼낸 화두이고 문제 제기일 뿐이다. 내용은 대부분 역사 특히 고대사에 관한 것들이다. 그것은 고대사의 중요성을 강조하고 싶기 때문이기도 하지만, 필자가 전공인 이 분야에 관심을 갖게 되고 자연히 고대사와 관계된 체험을 많이 했기 때문이다.

여기에 실린 글 가운데는 우리 사회나 우리 의식의 문제점을 지적한 내용이 꽤 있다. 그것은 필자가 우리 사회를 문제가 많은 사회로 보기 때문은 아니다. 좀 더 긍정적인 사회를 만들기 위해 그러한 것들을 들추어낼 수밖에 없었다. 우리 사회를 더 건강하고 건전한 사회로 만들자는 뜻에서다. 필자의 이러한 생각에 많은 분들이 공감해준다면 더없는 영광이겠다.

이 책의 개정판 출간을 흔쾌히 승낙해주신 만권당 양진호 대표에게 진심으로 감사드린다.

2016년 8월

윤내현

차례

Ⅳ :: 고대 역사는 무엇을 말해주나

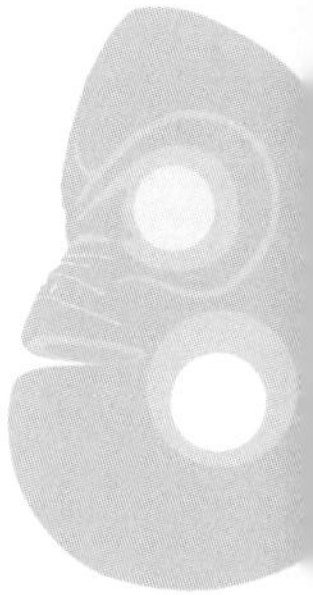

V :: 우리는 누구인가

VI :: 통일의 역사, 이제는 달라져야 한다

I

민족사는 남북이 공유해야 한다

· 1 ·

겨레의 동질성을 회복해야 한다

지금 우리 민족이 안고 있는 가장 중요한 과제는 민족 통일이다. 이것은 우리 민족이 광복 후 지금까지 계속 안고 있는 문제이기도 하다. 지난날 냉전 체제에서 경직된 남북 관계라던가 한국전쟁을 상기할 때, 근래의 남북 이산가족 상봉과 경제 협력을 포함한 여러 면에서 남북 교류는 괄목할 만한 진전이라고 말할 수 있다. 그러나 아직도 통일까지는 먼 길을 가야 할 것이다.

우리가 남북통일을 원하는 것은 같은 민족이라는 의식에 기초하고 있다. 그런데 우리 민족의식은 다른 나라 사람들의 민족의식과는 다른 점이 있다. 그것은 그 속에 우리는 핏줄이 같다는 겨레의식이 자리하고 있다는 점이다. 겨레는 단순한 민족보다 훨씬 강한 동질의식을 만들게 한다. 우리는 같은 민족이면서 한 핏줄이기 때문에 같은 나라 안에서 함께 살아야 한다고 생각한다. 남북한이 같은 민족, 같은 겨레가 아니라면 이렇게 통일을 갈망하지는 않을 것이다. 남북통일을 원하는 것은 결코 영토를 넓히기 위함이 아닌 것이다.

우리는 흔히 민족과 겨레를 같은 뜻을 지닌 말로 사용한다. 이 두 말은 비슷한 뜻을 지닌 말이기는 하지만 동일한 의미를 지닌 말은 아니다. 요즘에는 겨레라는 말보다 민족이라는 말이 우리에게 더 친숙해졌지만 우리는 겨레라는 말을 민족이라는 말보다 더 오래전부터 사용해왔다.

민족이라는 말과 개념은 19세기에 서양에서 들어온 말이다. 네이션(nation)을 번역한 것이다. 민족이라는 말은 일정한 지역을 단위로 하여 형성된 문화공동체이다. 그러한 문화공동체가 이루어지려면 자신들이 그 공통체에 속해 있다는 귀속의식을 가지고 있어야 한다.

그러한 귀속의식이 형성되기 위해서는 실로 오랜 기간의 정치공동체 즉, 국가를 공유했거나 종교·언어·풍속·경제 등의 여러 요소를 공유하면서 함께 살아왔어야 한다. 여기에 혈통까지 동일하다는 의식을 가지고 있다면 귀속의식은 더욱 강해질 수밖에 없는 것이다.

지구상에 혈통이 동일하다는 의식을 가진 민족은 그리 많지 않다. 우리는 그 가운데 하나인 것이다. 그런데 같은 민족, 같은 겨레라 하더라도 오랜 기간 다른 정치공동체 또는 다른 국가로 나누어 생활하거나 다른 종교나 다른 언어, 다른 풍속, 다른 경제 환경에서 생활하다 보면 서로 같은 문화공동체에 속한다는 귀속의식이 약해지기 마련이다. 민족의식, 겨레의식이 이완되는 것이다.

지금 우리는 그러한 위기 상황에 처해 있다. 우리 민족이 이념과 정치 그리고 경제 체제가 다른 2개의 국가로 나뉜 지 벌써 반세기가 넘었고 종교는 다양화했으며 언어와 풍속 등은 남북이 많이 이질화하고 있다. 같은 혈통이라는 의식도, 남북의 이산가족들은 그것을 뼈저리게 느끼고 있지만 다른 사람들은 그렇지 못하다. 요즘에는 "과학적으로 우리를 단일 민족이라 할 수 있는가."라는 의문을 제기하는 사람들까지 있는 실정이다.

우리는 이러한 위기 상황에서 탈출하기 위해 남북의 겨레 모두가 같은 민족, 같은 겨레라는 민족의식·겨레의식을 되찾도록 노력해야 한다. 민족의 동질성, 겨레의 동질성을 회복해야 하는 것이다. 남북의 이산가족 상봉, 친족 방문, 스포츠 교류, 경제 협력 등은 그러한 면에서 크게 도움이 될 것이다. 이질화한 언어나 풍속 등을 이해하고 수용하도록 노력해야 할 것이다.

이와 더불어 아주 중요한 것은 우리 역사를 남북이 공유해야 한다는 점이다. 고조선의 건국과 더불어 형성된 우리 민족, 우리 겨레는 오랜 역사를 거치면서 결속력이 강화되었다. 그러한 사실은 역사를 통해 확인하고 인식해야 한다. 그런데 우리 역사에 대한 남북한의 인식은 많은 부분 이질화해 있다. 이것을 바로잡아야 한다. 역사에 대한 해석은 가치관이나 이념에 따라 다를 수 있지만, 그 기본이 되는 사실 자체는 다를 수 없는 것이다.

'단군 및 고조선에 관한 역사학자들의 공동학술토론회'에 참석하기 위해 평양을 방문한 남한 학자들과 이를 환영하는 북한 주민들. 단군릉 앞에서 왼쪽부터 정영훈 교수(한국정신문화연구원), 최광식 교수(고려대), 윤내현 교수(단국대, 필자), 주자문 이사장(한국학술진흥재단), 박선희 교수(상명대), 신용하 교수(서울대), 이형구 교수(선문대), 김상일 교수(한국신학대), 이재원 교수(한국체육대).

이런 작업은 남북한 학자들의 공동 연구와 공동 토론 등의 학술 교류로 가능하다. 이러한 점에서 2002년 10월 3일 평양 인민문화궁전에서 열린 '단군 및 고조선에 관한 역사학자 공동학술토론회'는 매우 의미 있는 행사였다. 단순히 한반도 안에서 열린 첫 번째 남북 역사학자 공동학술토론회라는 것 이상의 의미를 지니고 있는 것이다.

· 2 ·

평양에서 남북 공동학술회의가 열리다

2002년 10월 3일은 참으로 기억할 만한 날이다. 평양 인민문화궁전에서 남북의 역사학자들이 모여 공동학술토론회를 가진 날이기 때문이다. 이 토론회는 남북 역사학자가 한반도 안에서 개최한 첫 번째 공동학술회의였다. 그동안 중국이나 일본 등 제3국에서 열린 국제학술회의에서 남북의 학자가 만남을 가진 적은 여러 번 있었다. 그러나 한반도 안에서 남북 역사학자들이 공동으로 주관한 학술행사를 가진 것은 이것이 처음이다.

이 학술회의는 필자가 회장으로 있는 남한의 '단군학회'와 허종호 박사가 회장으로 있는 북한의 '조선민주주의인민공화국 력사학회(약칭 조선력사학회)'가 공동으로 주최했다. 학술회의의 공식 명칭은 '단군 및 고조선에 관한 역사학자들의 공동학술토론회'였고, 주제는 명칭에서 알 수 있듯이 단군과 고조선이었다.

이 학술회의는 단군학회의 노력으로 이루어졌다. 단군학회는 우리 역사와 문화를 여러 면에 걸쳐 종합적으로 연구하고 우리 민족의 가치관과 정체성을 정립하자는 취지로 설립되었다. 그러한 작업에는 당연히 남북 학자들이 공동으로 참여해야 한다고 생각했다. 그래서 설립 초기부터 남북 공동학술행사를 갖고자 했다. 그러나 당시의 상황은 그러한 행사를 추진하기에는 걸림돌이 많았다. 그러다가 수년 전부터 상황이 많이 호전되어 단국학회에서는 적극적으로 북한의 학자들과 접촉을 시도했다.

단군학회의 임원이 중국 북경에서 여러 차례 북한 인사를 만났고 직접 북한에 들어가 공동학술회의를 개최하자는 의사를 전달하기도 했다. 우리 학회의 명칭이 단군학회이니 개천절 기념 학술회의로 하는 것이 좋겠다는 뜻도 전달했다. 북한 학계에서도 기본적으로 우리 의견에 찬성했다. 그러나 남북을 왕래한다는 것이 학자들의 뜻만으로 되는 것은 아니다. 정치를 비롯한 여러 가지 상황이 작용하는 것이어서 그것을 실행하기까지는 몇 년의 세월이 걸렸다.

그동안 어려운 점도 많았지만 결과적으로 학술회의는 매우 만족스럽게 진행되었다. 북한 학자들은 우리를 반갑게 맞아주었고 우리 학자들의 연구 업적도 비교적 소상히 알고 있었다. 북한 학자들 가운데는 필자가 제3국에서 개최되었던 학술회의에서 만났던 사람도 있었지만, 처음 만난 사람도 필자의 저서를 읽었다면서

평양 인민문화궁전에서 있었던 남북 역사학자들의 공동학술토론회 장면.

오랜 친구처럼 대해주었다.

남한에서는 필자를 비롯하여 신용하(서울대), 이형구(선문대), 김상일(한국신학대), 정영훈(한국정신문화연구원), 최광식(고려대), 이재원(한국체육대), 박선희(상명대) 등의 교수가 참석했고 주자문 한국학술진흥재단 이사장이 격려와 후원을 하기 위해 동참했다.

북한에서는 허종호(사회과학원), 지승철(사회과학원), 손영종(사회과학원), 남일룡(김일성 종합대), 한선홍(김형직 사범대), 서국태(사회과학원), 김유철(김일성 종합대), 전대준(사회과학원), 석광준, 손수호, 김동일, 최영식, 송순탁 등의 학자들이 참여했다.

청중은 개천절 행사에 참석하기 위해 평양을 방문한 남한의 여러 단체 인사 100여 명과 북한 인사 250여 명이었다. 북한 인사들은 평양 시내 대학과 연구소 그리고 중·고등학교에 근무하는 역사 교원들이라고 했다.

원래는 남북한 학자 각 5명씩 발표하기로 했으나 시간문제 때문에 각 4명씩으로 제한할 수밖에 없었다. 북한의 허종호 회장과 필자가 각각 개회 인사말을 한 뒤, 남북 학자가 차례로 논문을 발표했다. 논문 제목은 다음과 같다.

남한측

이형구	강화도 단군사적과 단군사료
최광식	남북한 단군인식 편차의 극복방안
정영훈	단군민족주의의 회고와 과제
김상일	문명공존론과 단군사상
윤내현	고조선의 도읍 위치와 그 이동에 관한 연구

북한측

손영종	단군 및 고조선 관계 비사들에 대한 리해
남일룡	평양 지방의 고대성곽
한선홍	고조선의 건국과 그의 사회적 성격에 대하여
서국태	최근 평양 지역에서 발굴된 단군조선 초기의 유적 유물
김유철	고조선의 중심지와 영역

북한의 논문 발표자들은 대부분 예순이 넘은 원로 학자들로서 토론회에 임하는 자세가 대단히 학구적이고 진지했다. 양측 모두 철저하게 역사적인 문제에 대해서만 논의를 전개했고 정치적인

발언은 하지 않았다. 우리는 이 학술회의에서 북한 학자들의 관심 분야와 연구 동향을 감지할 수 있었는데, 북한 학자들도 마찬가지였을 것이다.

이 학술회의에서 거둔 또 하나의 큰 성과는 남북 학자의 「공동 보도문」이 발표되었다는 점이다. 이것은 북한측의 요청으로 작성되었는데 학술회의 말미에 북한측 단장인 허종호 회장과 남한측 단장인 필자가 함께 낭독했다. 남북한 역사학자들의 학술적 유대와 공동 협조를 강화하여 민족사 연구를 심화해나가자는 것이 요지였다. 그 뜻이 이루어지기를 간절히 기원한다.

3

남북 학술회의 「공동보도문」을 발표하다

평양은 멀고도 가까운 곳이었다. 2002년 10월 1일 북한에서 보내준 고려항공에 몸을 싣고 인천공항을 출발한 지 1시간이 채 못 되어 평양의 순안공항에 도착했다. 이렇게 가까운 거리를 우리는 자유롭게 오가지 못하고 있는 것이다.

순안공항에 도착했다는 승무원의 안내 방송을 들으면서 안도와 흥분, 기대가 뒤섞이면서 이렇게 가까운 거리를 오는 데 3년 동안이나 노력하고 기다려야 했는가 하는 생각이 들었다.

북한 대표들의 영접을 받으며 순안공항에 내린 단군학회 소속 학자 9명과 '개천절민족공동행사'에 참가하기 위해 평양을 방문한 여러 단체 회원 100여 명은 남과 북이 합의한 일정에 따라 움직였다. 개천절인 10월 3일 오전은 단군릉에서 개최되는 단군에 대한 제례와 개천절 기념식에 참석하고 단군릉 앞에서 펼쳐진 예술단 공연을 관람했으며, 오후에는 평양 인민문화궁전에서 '단군 및 고조선에 관한 역사학자들의 공동학술토론회'를 가졌다. 그리고 그 앞뒤로 2일과 4일에는 단군과 관계된 유적과 전설 등이 있는 묘향산과 구월산을 둘러보고, 5일에 서울로 돌아왔다.

이 기간 동안의 행사 가운데 학술토론회가 특별히 관심을 끌었는데 그것은 다음과 같은 이유 때문이었다고 생각한다.

첫째, 이 공동학술토론회는 남한과 북한 학회의 공동 주관으로 한반도 안에서 열린 첫 번째 남북 역사학자 공동학술토론회였기 때문이다. 그동안 남북 학자들이 중국이나 일본 등의 제3국에서 열린 국제학술회의에서 개인적으로 만난 일은 있었다. 그러나 남북학회가 공동으로 주관하여, 더욱이 한반도 안에서 남북 학자 공동학술토론회를 가진 것은 이것이 처음이다.

둘째, 학술회의 주제가 '단군과 고조선'이기 때문이었다. 단군은 고조선의 통치자들을 칭하는 보통명사이지만 단군을 한 사람의 명칭으로 사용할 경우에는 단군왕검을 말한다. 단군왕검은 고조선을 세운 우리 민족의 건국 시조(建國始祖)이다. 고조선은 우리 민족이 처음으로 세운 나라로서 고조선이 출현함으로써 우리 민족과 민족 문화의 원형이 비로소 이루어졌다. 그러므로 단군과 고조선은 우리 역사의 뿌리가 되는 부분으로 남북한에 거주하는 우리 민족 모두의 관심 대상이다.

셋째, 남한의 단군학회와 북한의 조선력사학회가 합의한 「공동

남북역사학자들의 「공동보도문」 발표 장면. 왼쪽의 북측 조선력사학회 허종호 회장과 오른쪽의 남측 단군학회 회장인 필자.

보도문」이 발표되었기 때문이다. 학술토론회가 끝난 뒤 북한의 조선력사학회 허종호 회장과 남한의 단군학회 회장인 필자는 남북 학자들 사이에 합의된 내용을 담은 「공동보도문」을 발표했다. 「공동보도문」의 요지는 남북 학자들이 단군 및 고조선을 포함한 민족사를 공동으로 연구하고 학술 교류를 심화해나가자는 내용이다. 그러므로 미래 지향적인 중요한 의미를 지니고 있다. 그 내용은 다음과 같다.

「공동보도문」

역사적인 6·15 남북공동선언의 정신에 기초하여 민족의 화해와 단합, 통일을 이룩하려는 7천만 겨레의 지향과 열망이 높아지고 있는 때에 개천절을 맞으며 남의 단군학회와 북의 력사학회의 공동 주최로 평양에서 '단군 및 고조선에 관한 역사학자들의 공동학술토론회'를 가졌다.

토론회에는 남과 북의 역사학자들과 고고학자들, 대학 교원들,

개천절 행사에 참가하고 있는 남과 북의 대표들이 참가했다.

토론회에서는 단군조선의 건국 연대와 사회 성격, 중심지와 영역, 단군 관계 고고학과 문헌 자료 검토, 단군신화에 대한 역사적 고찰 등의 문제들이 논문 발표와 좌담회 형식으로 진지하고 허심탄회하게 논의되었으며 다음과 같은 문제들에서 인식을 같이 했다.

첫째, 단군은 실재한 역사적 인물이며 우리 민족의 첫 국가인 단군조선을 세운 건국 시조이다.

둘째, 우리 민족은 유구한 역사를 가진 단군민족이며 우리는 『삼국유사(三國遺事)』를 비롯한 여러 사서들에 고조선의 중심지가 평양이라고 기록되어 있는 것을 중시한다.

셋째, 고조선은 오늘의 한반도와 동북아시아의 넓은 지역을 기본 영역으로 한 강대국이었다.

넷째, 남과 북의 역사학자들은 반만년의 유구한 민족사를 빛내고 우수한 민족성을 고수하기 위한 학술적 유대를 강화하고 협조를 공동으로 활발히 벌인다.

다섯째, 남과 북의 역사학자들은 민족 앞에 지닌 사명감을 깊이 간직하고 남북 역사학자들의 연대를 강화하며 애국애족의 입장에서 민족사 연구를 심화해나감으로써 우리 민족끼리 힘을 합쳐 조국을 통일하는 위업에 적극 이바지해나갈 것이다.

남측 단군학회 윤내현, 북측 력사학회 허종호

2002년 10월 3일 평양

4

시간에 쫓기면서 학술회의를 준비하다

남북 공동학술회의는 준비 과정부터 어려운 점이 많았다. 처음으로 남북 역사학자들이 함께 치르는 행사이므로 행사의 형식이나 진행 과정에 대해 남북이 서로 의견 교환을 해야 했지만 그것이 자유롭지 못했다. 남한과 북한은 직접 통신이 되지 않는다. 전화나 팩스, 이메일 등 그 어느 것도 통하지 않는다.

그렇기 때문에 중국이나 일본 등 제3국의 중개인을 통해 어렵게 연락한다. 우리 의견을 제3국의 중개인에게 보내놓고 그것이 북한의 담당 인사에게 제대로 전달되었는지, 또 언제쯤 북한의 담당 인사가 답을 보내올 것인지 알지 못하는 상태에서 막연하게 기다려야 한다. 따라서 우리는 북한을 방문하기까지 학술회의의 대체적인 윤곽만 정했을 뿐 구체적인 일정과 계획은 만들지 못했다. 그래서 평양에 도착한 뒤 북한 대표들과 그것부터 논의하기 시작했다. 논문 발표자나 발표 순서는 서로 미리 준비한 것이 있었기 때문에 쉽게 결정했으나 「공동보도문」을 작성하는 데 많은 시간이 소요되었다.

남북의 서로 다른 의견을 무리 없이 조율해야 하기 때문이었다. 우리는 가능한 한 학계에서 공감을 얻지 못할 내용은 피하는 방향으로 「공동보도문」의 내용을 만들었다. 이 과정에서 남한이나 북한에서 넣고 싶어 하는 내용을 부분적으로 삭제하거나 수정하는 작업에 많은 시간이 소요되었던 것이다. 어떤 부분은 남한 학자들 사이에서조차 견해가 일치하지 않아 북한 대표들과의 회의를 중단하고 내부적으로 의견을 조율하기도 했다.

「공동보도문」을 만드는 회의는 저녁 늦게 이루어졌다. 아침 일찍부터 오후 늦게까지는 이미 짜인 공식 일정에 따라 움직여야 했기 때문이었다. 이렇게 바쁜 소용돌이 속에서 필자는 급히 개회 인사말을 만들지 않으면 안 되었다. 학술회의에서 북측에서는 조선력사학회 허종호 회장이 개회 인사말을 하겠으니 남측에서도 단군학회 회장인 필자가 맡으라는 주문이 있었다.

원래 우리 계획은 필자는 논문 발표를 하고 인사말은 다른 학자가 하기로 되어 있었다. 그런데 북측에서 필자에게 인사말을 해 달라는 것이었다. 아마도 양측 학회 회장이 인사말을 하는 것이 균형을 이룬다고 생각한 것 같았다. 그런데 그날 오전에는 단군릉에서 개천절 행사를 치르고 곧바로 공연을 관람한 뒤 점심 식사를 하고 학술회의에 임하기로 했기 때문에 인사말을 준비할 시간이 없었다.

원고 없이 인사말을 할까도 생각했지만 남북 학자가 처음으로 공동 주관한 뜻깊은 학술행사인데 그렇게 가볍게 임해서는 안 될 것이라는 생각이 들었다. 그래서 공연 시간에 살짝 빠져나와 원고를 작성하기 시작했다. 마음만 바쁘지 깊이 생각하거나 길게 쓸 겨를이 없었다. 이렇게 개회 인사말이 만들어졌다.

인사말 원고를 작성한 것은 매우 잘한 일이었다. 북측의 허종호 회장은 미리 준비한 인사말 원고를 읽어 내려갔다. 그런데 필자가 원고 없이 인사말을 했다면 정중하지 못한 인상을 주었을 것이다. 인사말의 내용은 아래와 같다.

「단군 및 고조선에 관한 역사학자들의 공동토론회 인사말」

저는 서울에서 온 단군학회 회장 윤내현입니다.

존경하는 류미영 단군민족통일협의회 회장님, 김정영 사회과학원 부원장님, 허종호 조선력사학회 회장님, 정창규 력사연구소 소장님, 이렇게 만나 뵙게 되어 대단히 반갑습니다. 그리고 이번 행사를 가질 수 있도록 여러 가지로 애를 많이 써주신 데 대해서 감사드립니다.

이 자리에 모이신 남과 북에서 오신 여러분, 안녕하십니까. 참으로 반갑습니다. 저의 심장은 지금 요동치고 있습니다. 저는 지금 감격하고 있습니다. 조국이 분단된 지 57년, 민족이 갈라진 지 57년 만에 우리 남북 학자들이 이곳 평양의 인민문화궁전에서 우리 민족의 건국 시조인 단군과 우리 민족이 처음으로 세운 나라인 고조선에 대한 공동학술토론회를 개최하고 있습니다. 이 얼마나 가슴 벅차고 감격할 일입니까. 참으로 영광스러운 일이 아닐 수 없습니다.

단군과 고조선에 대한 연구는 단순한 역사 사실의 확인이 아니라, 우리 민족의 가치관과 정체성을 확립하고 민족의 동질성을 확인하고 회복하는 작업입니다. 이러한 작업은 곧 민족 통일의 초석을 마련하고 조국 통일을 앞당기는 일입니다.

존경하는 북측 학자 여러분.

남측에서 온 우리들은 여러분들께서 그동안 단군과 고조선에 대한 연구에서 많은 성과를 올렸다는 것을 잘 알고 있습니다. 고조선시대의 유적을 여러 곳에서 발굴했다는 것도 잘 알고 있습니다. 그동안 여러분께서 이룩한 많은 업적에 축하와 찬사를 보냅니다. 우리 남측에서도 여러 측면에서 고조선의 역사를 열심히 연구하고 있습니다. 이제 이러한 남북 학자들의 공동학술토론회를 통해 남북 학자들이 이룩한 그동안의 연구 성과가 합해지면 우리 민족의 역사는 한층 더 풍부해질 것입니다.

우리는 서로 궁금한 것이 많습니다. 물어보고 싶은 것도 많습니다. 그러나 오늘 학술토론회의 짧은 시간에 우리가 알고자 하는 모든 것에 만족할 수는 없을 것입니다. 우리 속담에 '한 술 밥에 배부르겠느냐'는 말이 있듯이 당장은 만족할 수 없겠지만 앞으로 남북 학술토론회를 계속하면서 점차 만족하게 되리라 믿습니다.

또 우리 속담에 '시작이 반'이라는 말이 있습니다. 오늘 남과 북에서 온 우리 민족이 함께 개천절 행사를 치르고 공동학술토론회까지 가졌으므로 이제 우리의 통일 과업은 이미 절반을 해냈다고 말할 수 있겠습니다. 나머지 절반만 이룩하면 민족 통일, 조국 통일은 완성되는 것입니다. 나머지 절반을 이루어내기 위해 남북 학자 공동학술토론회와 공동 연구가 서울과 평양을 오가면서 계속되기를 이 자리를 빌려 제안합니다. 그리고 여기에 모이신 남과 북에서 오신 여러분께서 조국 통일, 민족 통일을 앞당기기 위해 이 제안이 이루어지도록 적극적으로 지원해주시기를 부탁드립니다.

이번에 저희 남쪽에서 온 사람들을 열렬히 환영해주시고 편안하게 머물게 해주신 관계자 여러분과 평양 시민 및 북측 동포 여러분께 심심한 감사의 뜻을 전하면서 이것으로 저의 인사말을 끝맺겠습니다. 감사합니다.

2002년 10월 3일

단군학회 회장 윤내현

장소 : 평양 인민문화궁전

· 5 ·

우리는 같은 민족 한 핏줄이다

개천절 남북 공동행사에서 거둔 성과 가운데 가장 큰 것은 우리는 같은 민족 한 핏줄이라는 사실을 재확인한 것이라고 할 수 있다. 우리는 남한과 북한으로 나뉘어 다른 이념과 정치 체제를 가지고 살고 있기는 하지만 같은 민족이라는 생각을 버려본 적이 없다. 그렇지만 남북한 주민들이 만나 공동으로 행사를 가짐으로써 그것을 확실하게 재확인한 것이다.

오찬이나 만찬 장소에서, 또는 학술회의장이나 간담회에서 우리는 이질감을 거의 느낄 수 없었다. 이념이나 정치를 대화의 내용으로 하지 않았기 때문이었다. 이념이나 정치를 떠나면 이렇게 서로가 편한데 그것이 무엇이기에 우리는 그것을 위해 서로 나뉘어 대립하며 살아야 하는가라는 생각을 하지 않을 수 없었다.

특히 이번 행사는 단군과 고조선을 매개체로 한 개천절 공동행사였기 때문에 민족의 동질성을 더욱 강하게 느꼈던 것이다. 누가 뭐라 해도 단군과 고조선은 우리 민족의 중심에 위치해 있다. 우리 민족 모두를 끈끈하게 이어주는 매개체인 것이다. 단군(단군왕검)은 우리 민족의 건국 시조이며 고조선은 우리 민족을 형성한 우리 역사의 첫 번째 국가이다. 그러므로 단군과 고조선은 우리 민족을 대표하고 그 출발을 의미하는 존재인 것이다.

북한에서는 '단군민족'이라는 용어를 즐겨 사용하고 있었다. 이번 남북 공동학술회의에 참석한 학자들은 모두 우리 민족을 단군민족이라 부르고 있었다. 필자를 포함한 남한 학자들은 자연스럽게 그 용어를 사용했다. 단군은 수천 년간 우리 의식에 매우 친근하게 자리하고 있는 우리 민족을 대표하는 인물이기 때문이다.

그동안 남북한 학자들이 국제학술회의에서 만나면 용어 때문에 이질감을 느끼는 경우가 많았다. 예를 들면 우리 민족에 대한 칭호에서도 남한 학자들은 한민족, 북한 학자들은 조선민족이라는 서로 다른 칭호를 사용해왔다. 이러한 명칭은 남북한의 국호에서 온 것이기 때문에 정치적 이질감을 느낄 수밖에 없었다. 그런데 이번 학술회의에서는 그러한 이질감이 배제된 단군민족이라는 용어를 사용한 것이다. 민족 동질성의 회복이라는 점에서 매우 발전적인 의미를 지닌 것이다.

사실 우리 민족은 여러 종류의 칭호를 가지고 있다. 한민족과 조선민족 외에도 배달민족, 밝달민족, 드물게는 아사달족(阿斯達族)

이라고도 불린다. 민족의 칭호를 강제적으로 통일해 부르게 할 수는 없겠지만 통일 뒤에도 거부감 없이 남북한 주민이 함께 사용할 수 있는 명칭을 생각해볼 필요가 있다. 이것은 통일을 향한 아주 기본적인 작업인 것이다. 단군민족이라는 명칭도 그 가운데 하나일 수 있을 것이다.

북한 학자들은 '단군조선'이라는 용어도 사용하고 있었다. 지난날에는 볼 수 없던 일이다. 남한에서는 학계의 공식적인 용어라고 할 수는 없지만 학자에 따라 고조선을 단군조선이라고 부르고 있지만 북한에서는 그러한 명칭을 사용하지 않았었다.

사실 학계에서 광범위하게 사용하는 고조선이라는 용어에는 매우 모호한 점이 있다. 원래 고조선은 단군조선을 말했다. 일연(一然) 스님은 『삼국유사』 〈고조선(古朝鮮)〉조에 단군신화와 단군조선의 역사에 관해서만 싣고 있다. 고조선의 나라 이름은 원래 조선인데 옛날에 있었던 조선이라는 뜻으로 고조선이라 이름 붙였던 것이다. 곧 고조선은 고대의 조선이라는 의미다. 그리고 일연 스님은 고조선은 '왕검조선(王儉朝鮮)'이라고 주석을 달아놓았다. 단군왕검이 세운 나라이므로 왕검조선이라 부를 수도 있다는 뜻으로 풀이된다.

단군왕검이 세운 단군조선은 우리 민족사에서 아주 중요한 의미를 갖는다. 그가 단군조선 즉, 고조선을 세움으로써 한반도와 만주에 거주하던 주민들은 모두 같은 나라의 백성이 되어 민족을 형성하게 되었기 때문이다. 실로 우리 민족사의 출발인 것이다.

우리는 흔히 같은 민족, 한 핏줄이라고 말한다. 단군(단군왕검)은

단군릉은 『동국여지승람』과 『조선왕조실록』에 기록되어 있던 것인데 북한에서 1993년에 발굴한 뒤 1994년에 대대적으로 재건했다. 전체 면적이 45정보에 이르며 능의 크기는 사방 50미터의 기단에 9계단의 피라미드식으로 쌓아 올려 봉분의 높이가 24미터에 이른다.

우리 겨레의 시조라고도 말한다. 과학적으로 말한다면 우리 겨레가 한 핏줄일 수는 없다. 더욱이 단군왕검이 우리 겨레의 혈연적 시조일 수는 없는 것이다.

한반도와 만주에는 적어도 수십만 년 전의 구석기시대부터 여기저기에 많은 사람들이 살고 있었다. 그런데 이들이 한 사람의 후손이라는 증거는 없다. 더욱이 5만 년 이전의 사람들은 아직 완전히 진화된 사람도 아니었다. 진화하는 과정에 있는 사람들이었다. 현생인류와 같은 수준의 사람이 출현한 것은 5만 년 전부터 3만 5,000년 전 사이였다. 따라서 이들을 한 핏줄이라고 보기는 어려우며 이들의 후손인 우리는 더 말할 것도 없을 것이다.

단군왕검이 고조선을 건국하던 시기는 고고학적으로도 청동기시대로서 구석기시대와 신석기시대라는 긴 기간이 지난 뒤였다. 당시 한반도와 만주의 이곳저곳에는 많은 사람들이 살고 있었다. 그 가운데 한 사람이 단군왕검이었던 것이다. 그러므로 한반도와 만주에 거주했던 많은 사람들의 후손으로 형성된 우리 겨레가 모두 단군왕검의 혈연적 후손일 수는 없다.

그렇다면 우리가 사용하는 같은 민족, 한 핏줄이라는 말은 잘못된 것인가? 그렇지 않다. 단군왕검이 고조선을 세움으로써 우리는 비로소 한 민족, 한 겨레를 형성했다. 그러므로 그는 우리 건국의 시조이면서 동시에 민족과 겨레의 시조인 것이다. 처음으로 나라를 세운 사람일 뿐만 아니라, 민족과 겨레를 출현시킨 사람이기 때문이다.

고조선시대의 단군은 정치적 통치자일 뿐만 아니라 종교적 최고 지도자였다. 중국의 천자(天子)처럼 하느님의 아들-사실은 후손이라는 의미이다-로 인식했다. 하느님(환인, 桓因)을 최고신으로 받든 고대의 우리 조상들은, 건국 시조이고 민족과 겨레의 시조이며 하느님의 아들인 단군왕검의 후손이라고 생각함으로써 천손족(天孫族)으로서의 신성성을 얻고자 했다. 이러한 생각이 우리는 같은 민족, 한 핏줄이라는 말로 정리된 것이다. 그러므로 이것은 우리 의식이며 의지요 정서이다. 나아가 과학보다 앞서는 것이다.

단군조선, 단군민족이라는 말 속에는 수천 년 동안 우리 민족의 의식이며 의지이고 정서인 같은 민족, 한 핏줄이라는 의미가 내포

단군릉기적비. 일제 강점기에 단군릉을 돌보지 않아 폐허가 되자 1932년에 뜻있는 사람들이 '단군릉수축기성회(일명 단군릉수호회)'를 조직하고 유지들의 성금을 모아 1936년에 이를 보수하고 '단군릉기적비'를 세웠다. 단군의 업적과 보수 경위가 적혀 있다.

되어 있다. 우리 민족 우리 겨레를 하나로 끈끈하게 묶어주는 이 말을 과학이라는 이름으로 해체할 필요는 없을 것이다.

·6·

단군이 갈등의 대상이 되어서는 안 된다

우리 민족의 구심점이 될 인물 한 사람을 찾는다면 단군(단군왕검)일 것이다. 단군에 대한 인식이나 해석은 사람마다 다를 수 있겠지만 그가 우리 민족을 상징하는 대표적인 인물이라는 데는 이의가 없을 것이다. 단군왕검은 고조선(단군조선)의 건국자이므로 과학적으로도 그러하지만 정서적으로도 우리 마음의 중심에 자리하고 있다. 우리는 오래전부터 단군을 건국 시조로 생각하며 살아왔다. 그러한 점에서 요즘 남한과 북한 학계에서 단군과 단군조선에 대한 관심이 높아지고 있는 것은 바람직한 현상이 아닐 수 없다.

북한에서는 1993년 단군릉 발굴 이후 단군에 대한 연구가 매우 활발하다. 그 이전에도 고조선에 대한 연구는 진행되었지만 단군에는 깊은 관심을 보이지 않았다. 필자가 북한을 방문했을 때 그곳의 한 역사학자는 북한 역사학자들 가운데 70퍼센트 정도가 단군과 단군조선에 대한 연구를 하고 있을 것이라고 그 열기를 귀띔해주었다. 우리 민족의 뿌리를 밝히는 데 북한 학계가 총력을 기울이고 있다고 해도 지나친 말은 아닌 것이다. 이것은 민족 동질성을 회복하는 작업도 된다.

북한의 단군과 단군조선에 대한 관심을 놓고 북한의 체제를 유지하기 위한 정치적 목적에서 이루어진 것이라며 거부반응을 보이는 사람도 있을 것이다. 설사 그렇다고 하더라도 그로 말미암아 민족의 동질성이 회복되어 통일에 도움이 된다면 그것을 마다할 이유는 없을 것이다. 지난날 이념과 체제의 차이로 이질감만을 느껴오던 남한과 북한의 주민들이 단군과 단군조선으로 말미암아 민족 동질성을 회복하고 민족애를 느끼게 된다면 그처럼 바람직한 일이 어디 있겠는가.

그런데 남한에서는 단군과 단군조선이 갈등과 분열의 대상이 되는 일들이 일어나고 있다. 하나는 단군상 건립과 그 파괴이며 다른 하나는 단군조선의 실존을 인정하는 것과 그것을 부정하는 것이다. 몇 년 전부터 민족정기를 바로 세우겠다는 어느 단체에서는 학교와 공원에 단군상을 세우기 시작했고, 이를 우상 숭배로 규정한 어느 종교단체에서는 단군상을 파괴함으로써 사회적 물의를 일으켜왔다.

단군이 민족 분열의 대상이 되었다는 점에서 참으로 안타까운 일이다. 민족 화합으로 통일을 이루어내야 할 중요한 시점에 남한 내부에서 분열이 있어서야 되겠는가. 단군이 민족 화합의 중심에 서야지 어떤 이유로도 분열의 대상이 되어서는 안 된다는 것이 필자의 솔직하고 변함없는 생각이다.

그래서 필자는 단군상을 세운 단체에는 단군상을 세우는 데 오해가 없도록 그 설명 내용은 역사적 사실에 충실하는 것이 좋겠다는 제언을 했고, 단군상 설치를 우상숭배로 보는 종교단체에는 단군을 역사의 인물로 있는 그대로 이해해주기를 부탁했다.

단군상을 더 세우지 않는다면 그것을 파괴하지 않겠다는 약속을 함으로써 두 단체의 갈등은 일단 중지되었다고 한다. 다행한 일이다. 그러나 언제든 다시 발생할 여지가 남아 있기 때문에 이 싸움이 완전히 끝났다고 볼 수는 없다.

이 문제를 어떻게 해결할 것인가. 해결 방법은 단군의 역사를 올바르게 인식하는 것이라고 필자는 믿고 있다. 단군을 후대 왕조의 왕들과 같은 역사의 인물로 인식하는 것이다. 오직 칭호가 다를 뿐이다. 최고 통치자가 오늘날은 대통령이지만 왕조시대에는 왕이었고 황조시대에는 황제였으며 단군조선시대에는 단군이었던 것이다. 단군을 두고 일어나는 싸움은 역사 인식의 차이에서 출발하고 있는 것이다.

단군 문제와 더불어 또 하나의 심각한 문제는 단군과 단군조선에 대한 역사학자들의 견해 차이다. 역사학자들 사이에 단군과 단군조선에 대한 다소의 견해 차이가 있기는 하지만 대부분의 학자들은 그 존재를 부인하지는 않는다. 그런데 단군과 단군조선의 실존을 부인하는 사람들이 있다.

학자의 연구 결과는 중요시되어야 하고 그러한 주장은 학문적 소신에 따른 것이겠지만 이 문제는 특히 매우 조심스럽게 발표되어야 한다. 그것은 우리 민족의 구심점을 무너뜨리는 결과로 작용하기 때문이다. 그렇다고 하여 사실이 아닌 것을 그대로 인정하자는 뜻은 아니다. 신중하자는 것이다. 이러한 중요한 문제에 학계의 이견이 있다는 것은 아직 그 연구가 충분한 수준에 이르지 못했다는 것을 말해주는 것이기도 하다.

단군과 단군조선에 대한 갈등과 분열은 모두 우리 역사 연구의 수준과 그 인식 수준의 차이에서 출발한다. 이를 바로잡기 위해 충분한 연구와 올바른 인식이 절실히 요구된다.

II

민족신화는 무엇을 말해주나

· 1 ·

단군신화는 꾸며낸 이야기일까

단군신화는 고조선이 건국되기 전의 상황에 대하여 말하고 있다. 『삼국유사』와 『제왕운기(帝王韻紀)』에 실려 있는 내용은 약간의 차이를 보일 뿐 거의 비슷한데 『삼국유사』에 실린 것이 원형에 가깝다고 학자들은 보고 있다.

『삼국유사』 〈고조선〉조에 기록된 내용을 보면 크게 두 부분으로 나뉜다. 앞부분은 단군왕검이 출생하기 전의 상황을 말하고 있고 뒷부분은 단군왕검이 건국한 고조선에 대해 말하고 있다.

앞부분은 우리가 일반적으로 알고 있는 단군신화의 내용 즉, 하느님으로서 환인이 있었다는 것, 환인의 아들 환웅(桓雄)이 하늘에서 지상으로 내려와 태백산 마루에 신시를 베풀었다는 것, 환웅은 지상에서 바람신·비신·구름신 등을 거느리고 곡물·생명·선악·질병·형벌 등 사람들의 삶에 관한 일들을 관장했다는 것, 곰이 여자로 진화해 그녀와 결혼했다는 것, 그녀와의 사이에서 단군왕검이라는 아들을 낳았다는 것 등의 내용을 싣고 있다.

뒷부분은 단군왕검이 성장하여 고조선을 건국했다는 것, 그 건국 연대는 중국의 요(堯)가 즉위한 해와 같다는 것, 고조선은 서너 번 도읍을 옮겼다는 것, 고조선이 건국된 뒤 1,500년 되던 해에 중국에서 기자(箕子)가 망명해 왔다는 것, 기자가 망명해 온 뒤 고조선은 도읍을 두 번 옮겼다는 것, 고조선의 존속 기간이 1,908년이었다는 것 등의 내용을 싣고 있다.

앞부분에는 하느님의 아들인 환웅이 지상으로 내려왔다던가, 곰이 여자로 진화했다는 등 과학으로 증명하기 어려운 내용들이 있지만 뒷부분은 고조선에 관한 실제 상황을 말한 것으로 비과학적인 요소가 전혀 없다. 그러므로 앞부분은 신화라고 말할 수 있지만 뒷부분은 신화가 아니라 분명한 역사의 기록이다. 그 역사 기록이 사실과 부합하느냐 그렇지 않느냐 하는 것은 그다음에 논할 문제이다.

지난날 일본인들은 단군신화를 부각해 그 내용이 비과학적이고 사실성이 없으므로 단군이나 고조선도 존재하지 않았다고 주장했다. 그리고 『삼국유사』나 『제왕운기』가 고려 말기에 쓰인 점을 들어 고려 사람들이 몽골의 침략을 받은 뒤 민족의식을 고취하기 위해 꾸며낸 이야기일 것이라고 했다. 이를 따라 지금도 단군이나 고조선의 존재를 부인하는 학자가 있다.

황해도 구월산의 '삼성사'에 모셔져 있는 환인, 환웅, 단군왕검의 초상화(왼쪽부터).

예로부터 사람들이 하느님을 섬겼다던가, 그 아들이 인간세상으로 내려왔다는 이야기는 다른 민족의 종교나 신화에서도 흔히 볼 수 있다. 다른 민족의 종교나 신화에 나오는 그러한 내용은 매우 큰 의미를 부여하여 설명하면서 왜 우리 신화는 거짓으로 꾸며진 이야기로 치부하려는 것일까. 곰이 여자가 되었다는 것도 그렇다. 진화론에서는 원숭이와 사람은 조상이 같다고 말한다. 원숭이 같은 동물이 진화해서 인류가 출현했다는 것이다.

오늘날 과학교육을 한다는 모든 학교에서 원숭이가 진화하여 인류가 출현했다고 가르치고 있지만 이러한 내용이 잘못된 것이라고 의문을 제기하는 사람은 거의 없다. 진화론이라는 과학의 이름으로 가르쳐지고 있기 때문이다. 그런데 사람이 원숭이에게서 진화했다는 분명한 근거는 없다. 그것은 가능성이 큰 가설일 뿐이다. 이러한 진화론에 찬동하지 않는 학자들도 많다. 단군신화에서는 원숭이가 곰으로 바뀌어 있다. 원숭이와 곰 모두 동물이라는 점에서는 같다.

"사람은 동물에서 진화했다." 이렇게 말한다면 그 동물이 원숭이든 곰이든 문제될 것이 없다. 한반도와 만주 지역에서는 두 발로 걸어 다니는 동물이 곰밖에 없기 때문에 우리 조상들은 인간이 곰에서 진화했다고 생각하지 않았을까. 이러한 생각이 무조건 옳다고 말하려는 것이 아니다. 이렇게 생각할 수도 있을 터인데 우리는 왜 우리 것을 부정적으로만 보려고 하는지 짚어보고자 하는 것이다.

신화는 인간들의 삶을 신들의 이야기로 바꾸어놓은 것이 많다. 그러한 시각에서 단군신화를 해석하고 이해해야 한다. 단군신화를 다음과 같이 해석할 수 있다.

아주 먼 옛날 우리 조상들은 하느님을 최고신으로 섬기며 살았는데 하느님을 환인이라 불렀다. 그들은 인간사회가 형성되던 초기에 하느님 환인의 아들인 환웅이 지상에 내려와 사람들의 삶을 도우며 함께 생활했다고 믿었다. 사람들의 생활 영역이 넓어지면서 하느님을 섬기며 살던 우리 조상들은 새로운 신을 섬기며 사는 사람들과 만나게 되었다. 그들은 곰신을 섬기는 사람들과 호랑이신을 섬기는 사람들이었다.

하느님을 섬기며 살았던 사람들은 곰신을 섬기는 사람들과 통혼 관계를 맺어 유대를 공고히 했다. 환웅이 웅녀와 결혼했다는 단군신화의 내용은 이러한 사실을 전하는 것으로 생각된다. 곰신을 숭배하던 사람들이 우리 조상으로 합류했으며, 이로써 세력 확장이 이루어졌던 것이다. 단군신화에 호랑이도 등장하지만 호랑이는 사람이 되지 못했다고 했으므로 호랑이신을 섬기며 살았던 사람들은 세력 확장에 참여하기는 했으나 사회적으로 높은 신분을 얻지는 못했던 것으로 볼 수 있다.

단군신화는 아주 먼 옛날 우리 겨레가 출현하기까지 성장 과정을 수호신들의 이름을 빌어 전하고 있는 것으로 이해할 수 있다.

· 2 ·

단군신화는 우리 상고사이다

현존하는 책 가운데 단군신화가 실려 있는 가장 오래된 책은 고려 말기에 쓰인 『삼국유사』와 『제왕운기』이다. 그렇기 때문에 일본인들은 단군신화가 몽골의 침략을 받아 자존심에 상처를 받은 고려인들이 민족의식을 고취할 목적으로 꾸며낸 이야기에 지나지 않는다고 주장했다. 과연 그랬을까.

우리는 이러한 일본인들에 대해 곧잘 흥분한다. 그들이 우리 민족의 역사의식을 말살할 목적에서 의도적으로 단군신화의 역사성을 부인했다고 말한다. 그 말이 틀린 것은 아니다. 그러한 내용은 조선총독부의 회의록에서도 확인된다. 그러나 이 문제는 흥분만 한다고 해결될 일이 아니다.

단군신화는 고려시대에 꾸며진 이야기가 아니라, 그보다 수천 년 전부터 전해 내려온 우리 민족신화라는 점을 학술적으로 증명할 필요가 있다. 일본인들의 주장이 잘못된 것임을 확실히 해둘 필요가 있는 것이다. 이를 증명하는 데는 오늘날 과학적인 학문으로 인정받고 있는 고고학이나 인류학의 연구 결과를 이용해야 한다. 그래야만 설득력이 있다.

그런데 참으로 신기한 것은 고고학이나 인류학에서 확인된 인류사회의 발전 과정과 단군신화의 줄거리가 거의 일치한다는 점이다. 고고학과 인류학에서 확인된 초기 인류사회의 발전 과정을 보면 대략 이러하다.

인류가 출현한 후 지금부터 1만 년 전까지를 구석기시대라 한다. 이 시기의 사람들은 뗀석기(타제석기)를 사용하여 수렵, 어로, 채집을 하면서 떠돌이 생활을 했다. 이 시기의 떠돌이 생활은 무리를 이루고 있었는데 그 무리는 혈연집단이었다.

1만 년 전부터는 신석기시대가 시작되었다. 이 시기의 사람들은 간석기(마제석기)와 질그릇 등을 사용하면서 농사를 짓고 동물을 기르며 붙박이 생활을 하면서 마을을 이루었다. 붙박이 생활을 하게 된 것은 농작물을 보살피기 위해서였다. 마을은 하나 또는 몇 개의 씨족집단으로 형성되어 있었다.

지금부터 5,000~6,000년 전에는 후기 신석기시대가 시작된다. 이 시기에는 정치와 종교의 지도자가 출현하여 권력을 갖게 되고 신분과 빈부의 차이가 발생한다. 그리고 여러 마을이 연맹을 맺어 세력을 강화하는 현상이 나타나고 마을이나 마을연맹체 사이에

황해도 구월산 '삼성사'에 있는 '삼성전'. 이 건물 안에 환인, 환웅, 단군왕검의 초상화가 모셔져 있다.

전쟁이 일어나게 된다. 여러 마을이 연맹을 맺어 세력을 강화한 것은 전쟁과 관계가 있었을 것이다.

지금부터 2,500여 년 전에는 청동기시대에 들어서게 된다. 인류 역사상 최초의 금속 발명품인 청동을 사용해 화려한 종교적 기물과 장신구 그리고 매우 발달된 무기를 소유하게 되었으며, 이를 기반으로 국가가 출현했다.

신석기시대나 후기 신석기시대 또는 청동기시대가 시작된 연대는 지역에 따라 다르지만 위의 연대는 지금까지의 고고학적 발굴과 연구 결과에 따라 한반도와 만주에서 확인된 것이다. 학자에 따라 그 연대를 다소 다르게 보기도 하지만 위의 설명에서 중요한 것은 인류사회의 발전 순서이다.

구석기시대에는 인류가 무리를 이루어 떠돌이 생활을 했다는 것, 전기 신석기시대에는 농사를 짓느라 정착 생활에 들어가 마을을 이루게 되었다는 것, 후기 신석기시대에는 마을연맹체가 이루어지고 신분과 빈부의 차이가 발생했다는 것, 청동기시대에는 국가가 출현했다는 것 등이 고고학과 인류학에서 말하는 고대사회의 발전 과정이다. 물론 지역에 따라 자연환경의 차이 때문에 조금씩 다른 과정을 보여주는 경우도 있지만 대개는 이러한 과정을 거쳤다.

이러한 발전 과정은 단군신화의 줄거리와 아주 비슷하다. 단군신화에서는 맨 먼저 하느님인 환인이 등장하는데, 그의 아들인 환웅이 하늘에서 지상으로 내려왔다고 했다. 이것은 하느님을 숭배했던 환웅족의 이동을 의미한다. 떠돌이 생활을 했음을 말해주는 것이다. 이는 구석기시대의 상황과 일치한다.

다음으로 환웅은 지상에 내려와 태백산 마루에 신시를 베풀고 바람신·비신·구름신 등을 거느리고 곡물·생명·선악·질병·형벌 등 사람들의 삶에 관한 일들을 관장했다. 여기서 관심을 끄는 것은 환웅이 관장한 일 가운데 곡물을 가장 먼저 언급하고 있다는 점과 환웅을 도운 바람신·비신·구름신이 기후와 관계가 있다는 점이다. 이것들은 모두 농사와 밀접한 관계가 있는 것으로 당시의 사회가 농사를 중시하던 사회였음을 알게 해준다. 농사를 지으며 붙박이 생활에 들어갔던 마을사회를 시사하는 대목이다. 이 또한 신석기시대가 시작된 상황과 일치한다.

그다음을 보면 환웅은 곰을 진화시켜 여자가 되게 한 뒤 그녀와 결혼했다. 호랑이도 참여하여 사람이 되고자 했지만 뜻을 이루지 못했다. 여기서 환웅은 하느님을 숭배하던 마을 또는 씨족의 수호신을 말하는 것이고 곰과 호랑이는 이들을 숭배하던 마을 또는 씨족의 수호신을 말한다. 따라서 환웅과 웅녀가 결혼했다는 것은 하느님족과 곰족이 통혼 관계를 맺어 연맹체를 형성했음을 시사한다. 호랑이족도 연맹체에 가담했지만 그 사회의 주된 세력은 되지 못했던 듯하다. 여러 마을이나 씨족들이 연맹체를 형성했던 후기 신석기시대의 상황과 일치한다.

단군신화에서는 마지막으로 환웅과 웅녀 사이에서 태어난 단군왕검이 조선-흔히 '고조선'이라 부른다-을 건국한 것으로 되어 있다. 처음으로 국가가 세워졌음을 말하고 있는데 이것은 청동기시대의 상황과 일치한다. 한반도와 만주에서 청동기시대는 서기전 2500~2600년 무렵에 시작된 것으로 확인되는데 단군조선은 서기전 2333년에 건국되었다고 전해오므로 그 연대도 대체로 일치한다.

한 가지 설명을 더한다면 단군신화에 등장하는 환웅족은 한족(韓族, 桓族) 또는 아사달족이라고도 불렸을 것이며, 곰족은 고구려족(高句麗族), 호랑이족은 예족(濊族)이었을 것이다.

『위략(魏略)』에 고조선의 첫 도읍지는 아사달이라 했는데 고대의 지명은 대개 그곳에 거주하는 씨족의 명칭과 같았다. 환웅족은 고조선 건국의 중심세력이었으므로 고조선의 첫 도읍 명칭인 아사달은 바로 환웅족의 명칭이기도 했을 것이다. 아사달은 아침 땅(밝은 땅)이라는 뜻이므로 한(환, 환하다, 밝다)과도 그 뜻이 통한다.

『후한서(後漢書)』「동이열전(東夷列傳)」과 『삼국지(三國志)』「동이전

(東夷傳)」에 예족은 호랑이를 섬긴다고 분명하게 기록되어 있고 고구려족은 큰 굴을 섬긴다고 했는데 큰 굴은 단군신화에 등장한 곰이 살던 굴을 연상하게 한다. 일본인들은 고구려를 '고마'라고 읽는데 고마는 '곰'을 뜻하는 것이라는 추측이 가능하다. 이러한 것은 고구려족이 곰족이었음을 알게 해준다. 우리 민족을 형성한 중심세력은 한족, 고구려족, 예족이었던 것이다.

이상에서 본 바와 같이 고고학이나 인류학에서 말하는 고대사회의 발전 과정과 단군신화의 줄거리는 아주 비슷하다. 물론 단군신화의 내용은 고고학이나 인류학의 연구 결과로서 얻어진 당시의 상황들을 일일이 말해주지는 못하고 있다. 그리고 각 사회 단계의 연대나 그 기간에 대해서도 언급이 없다. 그러나 신화는 문자가 만들어지기 전에 오랜 세월에 걸쳐 입에서 입으로 전해왔기 때문에 그 과정에서 많은 부분이 생략되고 아주 중요한 골격만 남아 있게 되는 것이다.

따라서 단군신화의 골격은 우리 민족이 고조선을 건국하기 전에 체험했던 성장 과정을 전해주고 있다. 말하자면 태고의 역사 사실에 바탕을 두고 있는 것이다. 앞에 소개된 고고학과 인류학이 말하는 고대사회의 발전 과정은 근래 학문 연구의 결과다. 고려시대에는 고고학이나 인류학이라는 학문 자체가 없었다. 그러므로 단군신화는 고고학이나 인류학이 말하는 사회 발전 과정에 맞춰 꾸며졌을 수가 없다. 말하자면, 고려시대에 꾸며진 이야기일 수는 없다는 것이다.

단군신화는 고조선이 건국되기까지 우리 민족이 성장하면서 체험했던 역사적 사실을 압축해서 전해주고 있음을 알 수 있다. 그리고 우리 민족은 자신들이 체험했던 사실을 거의 원형에 가깝게 잘 보존해왔음도 알게 해준다. 단군신화는 우리 상고사인 것이다.

3

단군신화는 종합 문화의 원형이다

단군신화는 우리 민족이 처음으로 나라를 세우기까지의 성장 과정을 말하고 있다. 그러므로 객관적인 역사적 사실을 전해주고 있는 것이다. 그런데 똑같은 역사적 사실을 전하더라도 그것을 전하는 사람의 생각에 따라 그 내용의 구성에 차이가 있게 된다.

예를 들면 중국의 고대 전설에는 중국에 하(夏)나라가 서기 전에 황제(黃帝), 제전욱(帝顓頊), 제곡(帝嚳), 제요(帝堯), 제순(帝舜) 등 다섯 지도자가 사회를 이끌었다는 전설이 전해온다. 이른바 오제(五帝) 전설이다. 이들이 다스렸다고 전해오는 기간은 다섯 사람의 수명을 합한 기간보다 훨씬 긴 기간이지만 굳이 다섯 사람으로 이 전설이 구성되어 있는 것은 중국의 고대사상인 오행사상(五行思想)

에 바탕을 두고 있기 때문이다.

단군신화는 환인·환웅·단군, 이렇게 삼대(三代)로 구성되어 있다. 이것은 우리 민족이 사회의 발전 과정을 세 단계로 인식했음을 알게 해주는 것이다. 이 점은 뒤에서 다시 말하기로 하고 우선 단군신화에 나타난 우리 민족의 생각을 살펴보자.

첫째, 우리 민족은 자신들이 천손족이라 믿었음을 말해주고 있다. 단군신화의 첫머리에 환인이 등장한다. 환인은 하느님에 대한 칭호였다. 그리고 그의 아들인 환웅이 지상에 내려와 지상신인 웅녀와 결혼하여 단군왕검을 낳았다. 우리 민족의 건국 시조인 단군왕검은 하늘을 부계(父系)로, 땅을 모계(母系)로 하여 출생했던 것이다. 그러므로 우리 민족은 하느님의 후손을 시조로 모신 천손족이라 믿어왔다.

둘째, 우리 민족은 하늘과 땅 그리고 사람이 우주 만물의 근간이며 우주 만물을 주재한다고 생각하는 삼재사상(三才思想)을 가지고 있었음을 알게 해준다. 하느님의 아들인 환웅과 지상신인 곰이 결혼하여 단군왕검이라는 사람을 낳았으니 단군신화는 하늘[天], 땅[地], 사람[人]이라는 세 요소를 근간으로 하여 구성되어 있는 것이다. 이것은 바로 단군신화가 삼재사상에 기초하고 있음을 알게 해준다.

셋째, 우리 민족은 지극한 인본주의(人本主義)사상을 가지고 있었음을 말해주고 있다. 환인이 환웅을 지상으로 내려보낸 것도 '홍익인간(弘益人間)'을 실천하기 위해서였다. 사람을 널리 이롭게 하기 위해서였던 것이다. 사람들을 지배하거나 사람들의 경배를 받기 위해서가 아니라 사람들을 이롭고 행복하게 하기 위해서였다. 하느님과 그의 아들까지도 사람을 위해 일하는 지극한 인본주의 사상을 보여주고 있는 것이다.

넷째, 우리 민족은 만물이 더불어 번영을 누리며 함께 살아가는 사회 즉, 공영공생(公營共生)하는 사회를 추구했음을 말해주고 있다. 단군신화에 따르면 환웅은 지상에 내려와 재세이화(在世理化) 즉, 인간세상에 살면서 그곳을 합리적인 사회로 만들어나갔다. 인간세상을 더 좋은 사회로 만들기 위해 하느님의 아들인 환웅신까지도 동참했으니 이는 지극한 인본주의이면서 동시에 신과 인간이 공영공생을 추구하는 삶의 자세였던 것이다. 최치원 선생은 난랑비(鸞郎碑) 서문에서 우리 민족은 선교(仙教)의 가르침으로 모든 생명체를 진화시켰다고 했다. 우리 민족은 만물이 더불어 번영을 누리면서 함께 사는 공영공생을 추구했음을 알게 하는 것이다.

다섯째, 우리 민족은 화합을 추구했다. 하느님의 아들인 환웅은 지상신인 곰을 여자로 진화시켜 부인으로 맞아들였다. 천신(天神)과 지신(地神)의 화합 즉, 하늘과 땅의 화합을 의미하는 것이다. 그리스신화에는 우라노스와 크로노스를 거쳐 제우스가 신들의 세계와 지상 세계를 지배하기까지 신들 사이에 치열한 암투와 살육이 있었던 것으로 묘사되어 있다. 폭력으로 상대를 지배한 것이다. 그러나 단군신화는 상대를 힘으로 지배하려 하는 것이 아니라 화합을 추구하고 있다.

여섯째, 우리 민족은 합리적인 방법을 찾으려고 노력했다. 단군신화에서는 인간의 출현을 신과 동물이 결합한 결과로 표현하고

묘향산의 향로봉 중턱에 있는 '단군성동'. 일반적으로 '단군굴'로 알려져 있는데 우리의 건국 시조인 단군왕검이 이곳에서 태어났다는 이야기가 전한다. 해발 864.4미터의 높이에 있는 '단군성동'은 화강암의 자연굴로, 너비 16미터, 길이 12미터, 높이 4미터다.

있다. 환웅신은 하느님의 아들로서, 곰이 진화한 여자와 결혼하여 단군왕검이라는 인간을 낳았다는 것이다. 인간의 출현을 놓고 사람들은 대개 2가지 가운데 하나로 설명하고 있다. 하나는 신이 창조했거나 신의 후손이라는 것이고 다른 하나는 동물에서 진화했다는 것이다. 이 2가지 모두 분명한 근거는 없다.

그런데 우리 민족은 이 가운데 어느 한쪽만을 택하지 않고 2가지를 합리적으로 결합하고자 했다. 신을 아버지로, 동물에서 진화한 여인을 어머니로 하여 인간의 출현을 설명함으로써 신의 후손이라는 견해와 동물에서 진화한 존재라는 견해를 조화롭게 결합하고 있다.

일곱째, 우리 민족은 셋을 성스럽고 신비스러운 숫자로 인식하여 만물을 삼위일체(三位一體) 또는 삼단계(三段階) 발전론으로 설명했다. 단군신화의 주인공은 환웅과 웅녀 그리고 단군이다. 이것은 우주 만물을 주재하는 것은 하늘과 땅 그리고 인간이라는 삼재사상을 말하는 것이기도 하고 셋을 하나로 묶은 삼위일체사상이기도 한 것이다. 이것은 중국의 음양(陰陽) 이원론(二元論)이나 오행사상과는 근본적으로 다른 것이다.

여덟째, 우리 민족은 식품과 수련에 지대한 관심을 가지고 있었다. 단군신화에는 곰이 사람이 되는데 쑥과 마늘을 먹은 것으로 되어 있다. 쑥과 마늘은 오늘날에도 인체에 매우 좋은 건강식품으로 알려져 있을 뿐만 아니라 약재로도 쓰이고 있다. 단군신화에 등장하는 쑥과 마늘에 대한 지식은 우리 민족의 의학과 약학 지식의 출발점인 것이다. 그리고 곰이 사람이 된 과정을 보면 쑥과 마늘을 먹고 동굴 안에서 햇빛을 보지 않았다고 했다. 동굴 속에서 수도를 하는 방법은 오늘날에도 흔히 사용되고 있다. 우리 민족에게 이러한 수도 방법은 그 역사가 매우 오래된 것임을 알 수 있는 것이다.

지금까지 살펴본 바와 같이 단군신화는 우리 조상들의 종교사상부터 가치관과 생활 태도, 만물의 구성 요소와 발전 과정, 의약품과 수도 방법 등에 대한 생각을 압축해서 전하는 것으로서 우리 민족 종합 문화의 원형이라고 할 수 있다.

4

'셋'은 우리 의식 구조의 기본이다

만물의 구성 요소나 발전 방법을 설명하는 동양적 사유는 이원론 또는 오행론(五行論)이라고 생각하는 경향이 있다. 음양론(陰陽論)이나 이기론(理氣論) 또는 오행사상 등이 그것이다. 우주에 존재하는 모든 것은 음과 양으로 구성되어 있고 그 변화의 원리는 이와 기의 상호작용에 따른다는 것이다. 그리고 그 발전 과정은 다섯 단계를 거친다고 본다.

이것은 중국인들의 사유 방법 가운데 대표적인 것으로 우리나라에도 크게 영향을 끼쳤다. 특히 성리학이 성행했던 조선시대에는 이기론이 학자들 사이에 큰 논쟁거리가 되기도 했다. 그 결과 지금도 우리나라에서는 우리 사유 방법을 이원론으로 해석하려는 학자들이 있다. 예를 들면 단군신화는 하늘과 땅이라는 2개의 요소로 이루어져 있다고 보는 것이다. 조선시대 유학자들 사이에 이기론의 논쟁이 유행했다고 하여 우리 사고의 기초가 이원론이라고 보는 것은 잘못이다. 그들은 중국의 유학 즉, 성리학을 논했던 것이지 우리 민족의 사유 방법을 논했던 것은 아니다.

단군신화는 하늘, 땅, 인간이라는 3가지 요소로 구성되어 있고 환인, 환웅, 단군 삼단계로 전개된다. 환웅이 지상으로 내려올 때 환인은 그에게 천부인(天符印) 3개를 주었고, 환웅은 3,000명의 무리를 거느리고 지상에 내려왔으며, 바람신, 구름신, 비신 등 세 신을 거느리고 인간사를 돌보았다. 그리고 환웅과 곰, 호랑이 등 세 신이 수호신으로 등장하며 곰이 사람이 되는 데 삼칠일이 걸렸다고 했다. 모두 셋이라는 숫자를 바탕으로 하고 있다.

우리 민족은 셋이라는 숫자를 성스럽고 신비스럽게 생각했다. 우리 문화와 생활습관에 3가지로 상징되는 것이 많은 이유는 이 때문이다. 우리 민족은 만물의 구성 요소를 셋으로 보았으며 그 변화는 삼단계 발전 과정을 거친다고 보았다. 이것은 우리 민족 사유 방법의 특징인 것이다.

셋이라는 숫자를 중요하게 생각하는 문화는 세계 각지에 오래 전부터 있어왔다. 노자(老子)는 만물의 생성에 대해 말하기를 무(無)는 1을 낳고, 1은 2를 낳고, 2는 3을 낳으며, 3에서 만물이 나온다고 했다. 무에서 바로 만물이 나온다고 말하지 않고, 무에서 세 단계를 거친 다음에 만물이 나온다고 말하고 있는 것이다. 삼단계 발전론인 것이다.

기독교에서 성부와 성자, 성신을 일체로 생각하는 삼위일체의 교리도 셋이라는 숫자에 바탕을 두고 있다. 헤겔이나 마르크스가 말한 변증법도 삼단계 발전론이다. 그들은 발전의 원리를 이미 존재한 정(正)에 대한 모순을 극복하기 위해 반(反)이 있게 되며, 다시 이 2가지 모순을 극복하기 위해 합(合)에 이르게 된다고 말함으로써 변증법을 삼단계 발전론으로 설명했다.

우리 민족은 이러한 삼원론(三元論)과 삼단계 발전론의 원리를 노자와 헤겔 또는 마르크스보다 훨씬 앞서 수천 년 전에 이미 터득하고 있었다. 그럼에도 우리 민족은 불행히도 그것을 발전적으로 해석하여 민족철학으로 체계화하는 작업을 하지 못했다.

그렇다면 우리 민족은 모든 생각의 주체가 되는 사람을 구성하는 기본 요소를 어떻게 사고했을까. 이 점은 우리 철학의 출발점이 될 것이다. 일반적으로 사람은 육체와 정신으로 이루어져 있다고 생각한다. 이원론적 인식인 것이다. 이러한 생각은 아마도 조선시대 우리 사회에 팽배했던 이원론의 영향 아래서 이루어졌을 것이다.

우리 민족은 원래 삼원론적 사고를 했다. 그러므로 사람을 이루고 있는 기본 요소도 육체와 정신 외에 1가지를 더 생각했을 것이다. 그것은 무엇일까. 아마도 생명일 것이다. 생명 없이는 살 수 없기 때문이다. 사람은 육체와 정신 그리고 생명을 기본으로 하여 이루어져 있다고 생각했을 것이다.

이러한 우리 조상들의 생각을 엿볼 수 있는 전설이 있다. 그것은 부여 건국 시조의 출생 설화이다. 『후한서』「동이열전」에 실린 내용은 대강 이러하다. 북이(北夷)의 색리국(索離國) 왕이 출타했다가 돌아와보니 그의 시녀가 임신을 했다. 그래서 자초지종을 물으니 시녀가 대답하기를 "전에 하늘에 기(氣)가 있었는데 그 크기가 달걀만 했습니다. 그것이 내 몸으로 내려와 임신을 하게 되었습니다."라고 했다고 기록되어 있다. 이 아이가 출생하여 훗날 부여의 건국 시조인 동명왕이 되었다.

중국인들이 위의 내용을 싣게 된 것은 그것이 자신들의 생각과 차이가 있어 기이하다고 생각했기 때문일 것이다. 그들이 흔히 생각하고 있었던 것이라면 그것을 굳이 기록할 필요가 없었을 것이다. 위의 내용 가운데 관심을 끄는 것은 하늘에서 기가 내려와 몸에 들어옴으로써 임신을 했다는 점이다.

이것은 우리 조상들이 기를 생명의 근원으로 보았으며 그것은 하늘에서 내려온다고 믿었음을 알게 해준다. 이는 단군신화에서 단군왕검의 아버지는 하늘에서 내려온 환웅이라고 생각했던 것과 비슷하다. 우리 조상들은 사람을 이루는 기본 요소를 육체와 정신 그리고 생명으로 보았고 생명의 원천은 기라고 믿었던 것이다.

오늘날 우리 사회는 기(氣)에 대한 논의가 비교적 활발하게 일어나고 있다. 기철학이니 기수련이니 하는 것들이 그것이다. 그런데 기가 무엇인지에 대해서는 명확한 설명을 하지 못하고 있는 것 같다. 그러니 우리 민족철학은 출발부터 풀리지 않고 있는 셈이다. 부여 건국 시조 동명왕의 전설에 따르면 기는 생명의 근원인데도 말이다.

그러니 기철학은 생명의 근원과 그 변용에 대한 학문이 되어야 할 것이며, 기수련은 생명력을 강화하고 그것을 이용하는 수련이 되어야 할 것이다. 이러한 기에 대한 논의가 더욱 구체적으로 활발하게 진행되어 우리 민족철학과 민족수련법이 체계적으로 정립되기를 기원한다.

· 5 ·

단군신화는 민족사에 살아 있다

중국 북경의 관광 코스에서 빼놓을 수 없는 곳이 자금성(紫禁城)이다. 고궁(故宮)이라고도 불리는 이곳은 북경의 중심에 있는데 명(明)나라와 청(淸)나라의 황궁(皇宮)이다. 명나라 성조(成祖, 영락제) 4년(1406년)부터 18년(1420년)까지 14년 동안 20만 명의 인원을 동원하여 지은 것으로 세계 최대의 궁궐 건축물이다. 우리에게 잘 알려진 천안문 광장은 자금성의 후문 광장이다.

총 면적은 72만 제곱미터로 남북 1,000미터, 동서 760미터의 엄청난 크기를 자랑하며 궁궐 안에는 방이 9,999개나 있다. 궁궐 주위는 매우 높은 성벽으로 둘러싸여 있고, 그 사각의 코너에는 전망대를 갖춘 탑이 설치되어 있으며, 그 외곽에는 넓이가 52미터

중국 북경 자금성의 해자. 황제를 보호하기 위해 성처럼 높은 담장을 쌓고 궁궐 바닥에는 40여 장 두께의 벽돌을 깔았으며 궁궐 안에는 자객이 몸을 숨길 곳을 만들지 않기 위해 나무를 심지 않았고 그것도 부족하여 이처럼 넓은 해자를 팠다.

나 되는 호성하(護城河)라 불리는 해자가 있다. 그리고 궁궐 바닥은 땅 밑으로 40여 장 두께의 벽돌이 깔려 있다. 이런 시설은 외부의 침입을 막기 위한 것이다.

필자는 오래전 북경을 처음 여행할 때 교수단 일행과 자금성을 관광한 적이 있다. 일행은 자금성의 웅장함과 화려함에 감탄했다. 아마 누구나 그럴 것이다. 그때 우리 일행 가운데 한 사람이 이런 말을 했다. "옛날 우리 사신들이 자금성에 들어서면서 그 웅장함에 눌려 기가 죽었겠다." 사실 그랬을지도 모른다.

그러나 깊이 생각해보라. 이렇게 규모가 크고 장엄한 궁궐을 짓기 위해 얼마나 많은 백성들을 착취했겠는가. 그 높은 궁궐의 성벽과 넓은 해자, 바닥에 두껍게 깐 벽돌들은 왜 설치해야 했을까. 그것은 황제가 백성을 경계했기 때문이다. 그들이 황제를 해칠 수 있다는 경계심 때문이었던 것이다.

그러한 사실은 자금성 안에 나무를 심지 않았다는 점에서도 잘 설명된다. 황궁 안에 나무를 심으면 한자로 곤(困) 자가 되어 황제를 고단하게 만들기 때문에 황궁 안에는 나무를 심지 않았다는 속설이 있지만, 실은 자객이 몸을 숨길 곳을 만들어주지 않기 위해서였다. 황제가 백성들을 얼마나 경계했으면 성벽을 쌓고 해자를 파고 벽돌을 깔고도 모자라 궁궐 안에 나무를 심지 못하게 했을까. 중국의 황제는 백성들을 더불어 행복하게 사는 가족 같은 존재가 아니라 항상 경계해야 할 적과 같은 대상으로 생각했던 것 같다.

그러나 우리 궁궐을 보라. 경복궁, 덕수궁, 창덕궁, 창경궁 등 모든 궁궐의 담은 높이뛰기를 잘하는 사람이라면 뛰어넘을 수 있을 정도로 아주 낮다. 그 외곽 일부에 해자가 있었다고는 하지만 그것은 작은 개천으로 침략자를 막기에 충분한 것은 아니었다. 궁궐 바닥에 벽돌도 깔지 않았다. 궁궐 안에는 나무를 심고 정원은 아름답게 꾸며져 있다. 우리 왕은 백성을 적과 같은 존재로 생각하지 않았던 것이다.

우리나라나 중국 모두 전통시대는 신분제 사회였다. 그러므로 사회적으로 신분에 따른 차별이 있었다. 그러나 그 차별에는 차이가 있었다. 왕에 따라 차이는 있지만 우리 왕은 백성들의 삶을 걱정했다. 백성이 잘 살아야 나라가 편안해진다고 믿었던 것이다. 중국의 황제처럼 백성이 착취의 대상만은 아니었던 것이다. 그러니 왕이 백성을 경계해야 할 이유가 없다. 우리 궁궐의 구조는 우리 왕들이 그렇게 믿고 살았음을 알게 해준다.

이러한 차이는 어디서 온 것일까. 그것은 홍익인간 이념에서 온 것이라고 필자는 믿고 있다. 근세 조선시대에 우리는 중국 유가의 가르침을 정치와 학문의 지도이념으로 삼았다. 그러나 지배자가 백성을 대하는 태도가 중국과 달랐던 것은 고대부터 전해 내려온 우리 가치관이 잠재의식에 깊이 자리 잡고 있었기 때문일 것이다. 그것이 바로 더불어 사는 행복한 사회를 만들어야 한다는 홍익인간 이념인 것이다.

단군과 단군신화에 담긴 이념과 사상은 이렇게 우리 잠재의식에 자리하여 정치와 사회사상에 작용하며, 우리 역사에 살아 숨쉬고 있는 것이다. 단군과 단군신화는 우리 역사이고, 우리 의지이고, 우리 정서인 것이다. 그것은 항상 긍정적으로 작용해온 우리 이념이었다. 이러한 단군과 단군신화를 굳이 우리 가슴에서 밀어내려고 할 필요가 있을까. 그것이 우리 역사에서 부정적으로 작용하는 것도 아닌데…….

·6·

우리가 추구하는 것은 무엇인가

미국에서 학교 기숙사에 있을 때의 일이었다. 저녁 식사를 끝낸 뒤 휴게실에서 뉴스를 보고 있었다. 마침 텔레비전에서는 미국에 거주하는 이란 사람들이 백악관 앞에서 미국 정부에 항의하는 집회 장면이 방영되고 있었다. 당시 미국은 이란과 관계가 매우 좋지 않아 이란에게 정치·경제적으로 강한 제재를 가하고 있었다. 이에 분노한 이란인들이 미국의 정책에 항의하는 집회를 하고 있었다.

그런데 필자를 놀라게 하는 장면이 펼쳐졌다. 이란 사람들이 미국 성조기와 미국 정부를 상징하는 인형을 불태우고 있었던 것이다. 그 주위에서 미국 경찰이나 시민들은 그것을 바라보고만 있을 뿐, 아무도 그러한 행동을 말리거나 항의하지 않고 있었다. 미국의 수도 한복판 대통령 집무실이 있는 건물 앞에서 외국 사람들이 미국에 항의하는 시위를 한다는 것도 필자로서는 이해하기 힘들었지만 그 나라 국기를 불태운다는 것은 도저히 상상할 수도 없는 일이었다.

당시 군사적 유신정권 아래서 강한 충성심을 요구받으며 살고 있었던 필자로서는 당연히 그 장면을 보고 놀라지 않을 수 없었다. 필자는 속으로 만약 외국 사람들이 우리나라 청와대 앞에서 태극기를 불태운다면 무사할 수 있을까. 아마 우리 경찰이나 시민이 그대로 두지 않을 것이라는 생각이 들었다.

"미국 사람들은 이해할 수가 없군. 외국 사람들이 자기 나라 국기를 불태우는데도 그냥 보고만 있다니."라는 필자의 중얼거림을 들었는지 앞에 앉아 텔레비전을 보고 있던 미국 학생이 뒤도 돌아보지 않고 말했다. "미국은 국기보다 자유가 더 소중한 나라다." 필자는 더 큰 충격을 받았다. 미국 사람과 우리 의식에 큰 차이가 있음을 알 수 있었다.

뉴욕 한복판에 높다랗게 서 있는 자유의 여신상이 상징하는 것처럼 미국은 자유를 추구하는 나라다. 미국 사람들은 자신들의 나라가 지구상에서 개인의 인권과 자유가 가장 잘 보장되어 있는 나라라고 믿고 있으며 당연히 그러한 나라가 되어야 한다고 생각하는 것 같다. '자유'라는 개념이 미국 사람들의 의식에 매우 강하게 뿌리내리고 있고 생활 속에서도 실천되고 있는 것이다. 그런데 우리 의식과 생활 속에는 그것과 견줄 수 있는 어떤 것이 자리하고 있을까.

외국 사람이 우리에게 “당신들은 어떤 나라를 만들려고 하느냐?”, “당신들이 추구하는 이상은 무엇이냐?”라고 물었을 때 그 미국 학생이 자유를 말했던 것처럼 서슴없이 “우리는 이러한 것을 추구한다.”고 대답할 수 있는 것은 무엇일까? 그러한 질문에 대한 대답이 준비되어 있는가. 유감스럽게도 우리는 그렇지 못하다. 우리 의식이나 생활 속에 강하게 자리 잡고 있는 민족 공동의 가치관이 없는 것이다. 가치관이 없는데 목표와 방향이 있을 리 없다. 목표와 방향이 분명하지 않다면 방황할 수밖에 없을 것이다. 우리 국가 경영이나 교육 또는 일상생활이 바로 그러한 것은 아닐까.

우리는 학교에서 엄청난 양의 지식을 습득한다. 종합대학에는 없는 학과가 거의 없을 정도로 다양하고 많은 전공이 설치되어 있고, 매우 다양한 강좌들이 개설되어 있다. 백화점이나 다름없다. 선진국들에 견주어 교육 환경이나 교육의 질이 떨어진다는 평가의 목소리도 있기는 하지만 거의 모든 분야를 망라했다고 할 정도로 다양한 지식을 배울 수 있는 교육이 행해지고 있다. 그러므로 우리가 다른 나라 사람들보다 지식이 크게 뒤진다고 말할 수는 없을 것이다.

그러나 대학을 졸업하고도 민족이 공감할 수 있는 분명한 가치관을 갖지 못하고 그 결과 겨레가 함께 추구해야 할 목표와 방향을 세우지 못하고 있다면 그 교육에는 분명히 문제가 있는 것이다. 가장 중요한 것이 빠져 있는 교육이 아니겠는가.

미국 사람들의 머리에 '자유'와 '평등' 그리고 '정의'가 핵심 가치관으로 자리하고 있는 것처럼 우리에게도 겨레가 함께 공감할 수 있는 가치관이 있어야 할 것이다. 그것이 갑자기 만들어질 수는 없다. 사람들이 어떤 것에 공감하는 것은 그것이 자신의 잠재의식 속에 들어 있는 것과 일치했을 때이다. 지난날 조상들이 가지고 살았던 가치관은 유전인자를 통해 우리 잠재의식에 전해지고 있다. 따라서 우리는 잠재의식에 들어 있는 그 가치관과 동일한 가치관을 만났을 때 그것에 공감하게 되는 것이다.

그러므로 우리 겨레의 가치관은 우리 역사에서 찾는 것이 바람직하다. 그래야만 우리 겨레는 그것에 공감하게 될 것이다. 그것은 무엇일까. '홍익인간' 이념일 것이다. 홍익인간 이념은 단군신화에 등장하는데 환웅은 그것을 실현하기 위해 지상에 온 것으로 되어 있다. 말하자면, 우리 민족이 고조선을 건국하기 오래전부터 가지고 살아왔던 가치관인 것이다. 이것이 고조선이 건국되면서 건국이념으로 채택되었다고 전한다.

우리나라 사람 중에 '홍익인간'을 모르는 사람은 거의 없을 것이다. 그러나 홍익인간 이념을 실천하려면 어떻게 생활해야 하고, 그것이 실현된 사회는 어떤 형태의 사회일까 등에 대해 깊이 생각하는 사람은 그리 많지 않다. 이에 대한 연구도 아직 턱없이 부족하다.

이러한 상황에서 '홍익인간' 이념이 실현된 사회를 이룩할 수 있을 것인가. 지금으로서는 어렵다고 말할 수밖에 없지 않을까. 그에 대한 준비가 부족하기 때문이다. 홍익인간 이념을 미래지향적으로 해석하고 구체화하는 것이 바로 우리 몫이며 우리 민족에게 주어진 가장 시급하고 필수적인 과제이다.

7

'홍익인간' 이념을 살려내자

필자는 어느 강의에서 우리 교육에는 민족이 공감할 수 있는 철학이 부족하다는 말을 한 일이 있다. 철학이 있어야 목표와 방향이 서는데 그렇지 못하기 때문에 교육의 방향과 목표가 불확실한 것 아니냐는 뜻이었다. 그러자 그곳에 참석했던 한 교육인적자원부 직원이 "우리는 '홍익인간'이라는 교육 이념을 가지고 있으며 그것은 교육법에도 명시되어 있다."고 주장했다.

그러나 필자가 그러한 말을 한 것은 교육법에서 '홍익인간'을 교육이념으로 삼고 있으면서도 초등학교부터 대학에 이르기까지 '홍익인간'에 대한 구체적인 교과 내용이 없다는 점을 문제 삼은 것이었다. 교육법의 '홍익인간'이라는 단어는 죽어 있다는 뜻으로 한 말이었다.

단군신화나 홍익인간 이념을 말하면 수구적 또는 보수적인 사람으로 인식되는 경향이 있다. 홍익인간 이념이 현실에서 살아 있지 못하기 때문에 이미 가치를 상실한 것이라고 보는 사람도 있다. 그래서 민주주의와 시장경제, 자유와 평등, 정의 등은 곧잘 말하면서도 '홍익인간'은 거의 언급하지 않는다.

옛날부터 전해온 것이라 하여 모두 버려야 하는 것은 아니다. 과거와 현재는 말할 것도 없고, 미래에도 바람직한 이념이라면 그것은 보존될 가치가 있을 것이다. 그것을 발전적으로 해석하고 구체화하며 현실에서 작동하도록 하는 것은 우리 몫이다. 따라서 그것이 보존할 만한 가치가 있는지 그렇지 않은지가 중요하다.

독일이 1800년대에 선진국으로의 도약을 위해 개혁을 단행하면서 교육개혁에서는 정신 문화의 근본을 그리스와 로마 사상에서 찾았는데, 그 중심에 신화가 있다는 사실은 우리에게 시사하는 바가 크다. 신화는 대개 인간들의 삶과 생각을 신들의 이야기로 바꿔놓은 것이므로 그것을 만들어낸 집단의 의식, 말하자면 민족의식의 본질이 반영되어 있다.

홍익인간 이념은 단군신화에 나타난 가장 핵심적이면서 포괄적인 가치관이다. 그것은 수천 년 전부터 우리 겨레와 함께해온 가치관으로서 우리가 주어진 환경 속에서 오랜 기간 살아오면서 이루어낸 것이다. 그 때문에 비록 신선한 느낌은 부족할지 몰라도 우리 겨레에게는 가장 합리적이고 타당한 것이며 우리 겨레가 공감할 수 있는 가치관인 것이다.

홍익인간 이념은 하느님의 아들인 환웅이 하늘에서 지상으로 내려올 때 지녔던 이념이며, 그 뒤 단군왕검이 고조선을 건국할 때 건국이념으로 삼았다고 전한다. 단군신화에 따르면 환웅은 '홍익인간'을 실천하기 위해 인간세상에 내려왔다. 환웅은 하느님의 아들로서 신이었지만 지상에 내려와 인간을 지배하거나 인간에게 경배를 받으려 하지 않고 인간을 널리 이롭게 하면서 인간사회를 더 합리적인 사회로 발전시켜나갔다.

홍익인간 이념은 만물 가운데 '사람'을 가장 중요한 존재로 보고 있다. 사람이 만물의 중심이며 역사의 주체라고 생각했던 것이다. 신까지도 인간사회를 이상적인 사회로 만들기 위해 일했던 것이다. 홍익인간 이념은 본질적으로 인간은 평등하다는 전제에서 출발한 지극한 인본주의의 사상이다.

환웅이 지상에 내려와 활동하던 시기는 앞에서 언급한 바 있듯이 고고학적으로 전기 신석기시대에 해당되는데, 이 시기에는 아직 정치권력도 출현하지 않았고 신분이나 빈부의 차이도 발생하지 않았다. 모든 사람이 평등한 사회였다. 홍익인간 이념은 바로 이러한 사회를 배경으로 만들어졌던 것이다.

홍익인간 이념은 모든 사람이 더불어 이익을 얻고 더불어 행복한 사회를 만들자는 것이다. 그러한 사회를 만들기 위해서는 다른 사람의 생각이나 주장을 인정하며 화합을 모색해야 한다. 우리 겨레는 현실 세계를 천당이나 극락처럼 이상사회로 만들고자 했다. 사람이 사는 모든 곳이 그래야 한다고 생각했다. 그런 사회를 만들기 위해 하느님의 아들인 환웅까지도 동참하여 신과 인간이 차

묘향산 중턱에 서 있는 '천주석'. 단군왕검이 건너편 산 중턱에 있는 단군대에서 멀리 떨어져 있는 천주석을 향해 활을 쏘면 화살이 천주석에 맞고 단군왕검이 서 있는 단군대로 되돌아왔다는 전설이 있다. 단군은 그만큼 강한 체력을 지닌 인물이었다는 것이다. 지금도 단군대와 천주석은 옛이야기를 전하며 그 자리에 그대로 서 있다.

별 없이 함께 번영을 누리고자 했던 것이다.

그뿐만이 아니다. '홍익인간' 이념은 자연까지도 보호하고 사랑해야 한다고 가르치고 있다. 그래야만 참다운 이익과 행복을 얻을 수 있다고 우리 조상들은 믿었던 것이다. 『삼국사기(三國史記)』의 기록에 따르면 최치원 선생은 난랑이라는 화랑도의 비문에서, 신라에는 이전부터 이어져 내려온 풍류(風流)라는 현묘(玄妙)한 도(道)가 있는데 그 기원은 선사[仙史 : 선교(仙敎)의 역사]에 자세하게 기록되어 있다고 했다. 또 그 가르침은 유가, 도가, 불가의 것을 모두 포괄하고 있는데 이 가르침을 가지고 모든 생물을 진화시켰다고 했다.

여기서 말하는 선교는 고조선의 종교 즉, 고조선 문화의 중심이 되는 가르침을 말하는 것으로 그 핵심을 이루는 가치관은 홍익인간의 이념이었다. 그러므로 최치원 선생의 말에 따르면 홍익인간 이념은 사람뿐만 아니라 모든 생물에 미쳤던 것이다. 사람들이 더불어 행복하게 살 수 있는 사회를 만드는 것은 물론 모든 생물이 살기 좋은 환경을 가꾸는 것이 홍익인간의 이념이었다. 홍익인간 이념은 지극한 생명 사랑과 생명 존중 사상이기도 했던 것이다.

이렇게 숭고한 가치관이 현실에서 외면당하고 영향력을 발휘하지 못하고 있는 것은 우리에게 책임이 있다. 우리 역사에서는 항상 외래문화가 지배 문화로 군림했다. 열국시대 말기에 수입된 불교가 그랬고 근세 조선시대의 유교가 그랬으며 근대화 이후 서양문화가 그러했다. 그 결과 우리 문화는 하층 문화로 전락하여 천시되기까지 했다. 홍익인간 이념도 그 가운데 하나인 것이다.

일제 강점기에 민족의 정체성 확립을 위해 독립지사들은 홍익인간 이념을 비롯한 우리 가치관과 문화를 강조했고 광복 후 우리 사회에 그러한 뜻이 다소 반영되는 듯했다. 그러나 친일세력과 친서방세력의 득세에 밀려 독립지사들이 몰락하면서 우리 가치관과 문화도 함께 몰락했다. 홍익인간은 죽은 단어가 되었던 것이다. 결국 홍익인간 이념을 죽인 것은 바로 우리들이다. 결자해지(結者解之)라는 말이 있듯이 이제 우리는 이것을 살려내야 한다. 그리고 미래지향적으로 발전해나가야 할 책임이 있다.

III

우리 역사의식은 어떠한가

·1·

우리 민족과 문화는 외부에서 왔는가

우리 민족과 문화의 기원을 찾기 위해 학자들이 몽골이나 중앙아시아 또는 시베리아 등지를 답사한 글을 지면에서 가끔 읽게 된다. 물론 그런 작업은 필요하다.

그런데 학자들은 대부분 우리 민족과 문화의 기원을 우리가 지금 살고 있는 한반도가 아닌 외부에서 찾고 있다. 특히 몽골이나 중앙아시아나 시베리아 등지로 관심을 돌리고 있다. 우리 민족과 문화가 기원한 곳이 한반도가 아닌 북방 지역이라고 보기 때문이다. 그러한 연구 결과가 나왔기 때문이 아니라, 그런 선입관을 갖고 연구를 시작하는 것이 문제다. 왜 그러한 선입관을 가지게 되었는지 필자는 도저히 이해가 되지 않는다.

아마도 우리 민족이 섬나라인 일본에게 강점당한 뒤 대륙을 향한 동경과 선망이 증폭되어 그런 의식을 갖게 된 것은 아닐까. 여기에다 조금은 우스갯소리 같지만 지도를 벽에 걸어놓고 보면 북쪽이 위쪽이기 때문에 사람의 이동이나 문화의 전파가, 높은 쪽인 북쪽에서 낮은 쪽인 남쪽으로 흘러 내려왔을 것이라는 의식이 작용했는지도 모르겠다. 어떤 학자는 여기에 남방 문화를 추가하여 우리 문화는 북방 문화와 남방 문화가 상층과 하층을 형성한 혼합 문화라고 주장하기도 한다. 그렇다면 우리 민족이 거주한 한반도나 만주에는 독자적인 문화가 전혀 없었다는 말인가. 참으로 자조적인 생각이 아닐 수 없다.

이러한 생각은 알고 보면 서양 사람들과 일본 사람들의 영향을 받은 것이다. 서양 학자들은 동양보다 서양이 우위에 있었다고 말하고 싶어 한다. 그래서 그들은 인류의 기원이나 초기 문명을 서양, 특히 지중해 연안에서 찾으려고 한다. 그리고 자신들의 문화가 세계 각지로 뻗어나간 것으로 설명한다.

이러한 이론에 입각해 지난날 그들은 서양에서 시작한 인류의 일부가 동쪽으로 이동했다고 설명했다. 한편 일본인들은 우리나라의 선사시대와 고대 역사를 매우 낮게 평가하여 우리나라에 구석기시대는 존재하지 않았고 신석기시대도 매우 늦게 시작되었으며 고조선이라는 나라도 존재하지 않았다고 주장했다.

역사학이나 인류학 또는 고고학이 발달하지 못하여 우리나라의 선사시대에 대한 연구가 부족했던 시기의 우리 학자들은, 우리 민족의 기원을 이미 사람이 이주해 와 있었던 것으로 알려진 중앙아시아나 몽골 또는 시베리아 등지와 연결하여 설명하는 것이 합리적이라고 생각할 수밖에 없었다. 그 결과 우리 민족은 북방에서 이주해 왔으며 문화도 그러했을 것이라고 설명하게 되었던 것이다. 우리 민족의 기원지를 파미르 고원이나 바이칼 호 지역으로 본 것도 맥락을 같이한다. 여기에 남방 기원론을 추가한 학자도 나오게 되었다. 결국 우리 민족과 우리 문화는 우리가 사는 이 땅이 아닌 다른 곳에서 왔다는 것이다.

그런데 지금 학계의 상황은 옛날과 많이 달라졌다. 그동안 인류학과 고고학은 괄목할 만한 발전을 했고 많은 유적이 발굴되었다. 그 결과 한반도와 만주에서는 지금부터 70만~100만 년 전으로 보는 학자도 있다-의 구석기시대 유적이 발굴되었고 이를 계승한 구석기시대 유적과 신석기시대 그리고 청동기시대 유적이 한반도와 만주 곳곳에서 발굴되었다.

이러한 사실은 한반도와 만주의 각지에 70만 년 전부터 계속해서 많은 사람들이 살고 있었음을 말해준다. 여기서 유의해야 할 점은 지금부터 5만 년 전까지의 사람들은 우리와 다르게 아직 덜 진화된 사람이었다는 사실이다. 원숭이와 사람의 중간쯤 되었다. 그리고 1만 년 전까지의 구석기시대에는 아직 정착 생활을 하지 못했다. 1만 년 전 무렵에 신석기시대가 시작되면서 사람들은 비로소 정착 생활에 들어갔던 것이다.

정착 생활에 들어간 이 신석기시대 사람들을 우리 민족의 조상이라고 말할 수 있다. 그런데 우리나라에는 정착 생활에 들어가기 전인 구석기시대부터 끊이지 않고 많은 사람들이 살고 있었다.

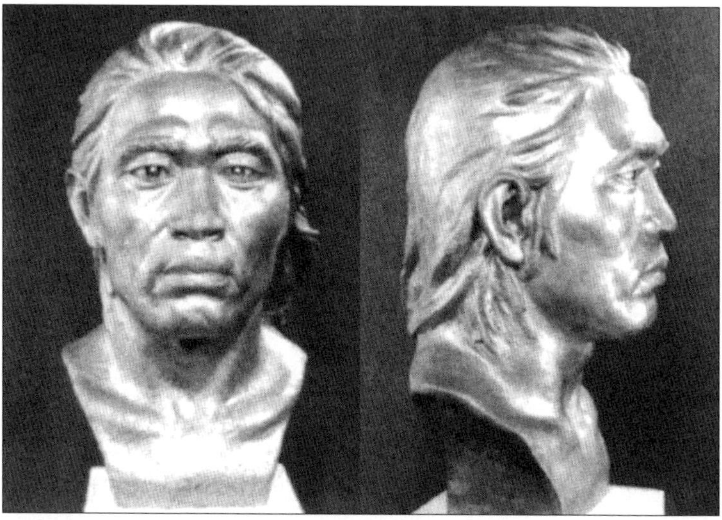

'승리산 사람' 복원상. 평안남도 덕천시 승리산 유적은 후기 구석기시대에 속하는데 그곳에서 출토된 '승리산 사람'의 유골에서 이미 우리나라 사람의 특징이 보인다. 아래턱뼈가 크고 뒤가 넓은 것은 입천장이 넓은 우리나라 사람의 특징이다. 이로 보아 한반도에 살았던 구석기인들이 우리와 무관하지 않음을 알 수 있다.

이들의 후손 가운데 다수가 신석기시대의 주민이 되었을 것이기 때문에 한반도와 만주에 거주했던 구석기시대와 신석기시대 사람들이 우리 조상이었다고 보아야 하지 않을까. 이들의 후손들이 고조선의 건국과 더불어 민족을 형성하지 않았을까. 그리고 그들이 가지고 살았던 문화가 우리 문화의 뿌리를 이루지 않았을까. 또한 북방이나 남방의 다른 지역에서 한반도와 만주로 이주한 사람이나 전파된 문화가 있었다 하더라도 그것이 우리 민족과 문화의 주류를 이룰 수 있었을까.

『후한서』「동이열전」에는 한반도와 만주에 있었던 부여, 고구려, 읍루, 동옥저, 동예, 한(삼한) 등 여러 나라에 대해 서술하면서 그들은 모두 토착인들이라고 했다. 이 기록은 우리 민족이 한반도와 만주의 토착인들이었음을 말한 것이다.

여기서 중요한 것은 과학적인 학문에 기초해 새로운 근거들이 나타났음에도 왜 우리는 아직도 우리 민족과 문화의 기원을 우리가 사는 곳이 아닌 다른 곳에서 찾고 있는가 하는 점이다. 이제 우리 민족과 문화의 기원을 찾는 데 발상의 전환을 해야 할 필요가 있다.

· 2 ·

우리 것이 외부로 가지는 않았을까

우리 민족과 우리 문화가 외부에서 왔다고 주장하는 학자들은 나름대로 근거를 제시한다. 그 지역에서 우리나라에 존재하는 문화와 같거나 비슷한 문화 요소가 발견된다는 것이다. 그런데 그것만으로 우리 민족이 그곳에서 기원했고, 우리 문화가 그곳에서 왔다고 말할 수 있을까.

우리 문화와 같거나 비슷한 문화가 다른 곳에 있다면 반대로 우리나라에서 그곳으로 전파되었을 것으로 생각할 수도 있지 않은가. 그러한 점에 대한 충분한 연구 없이 우리 것과 동일하거나 비슷한 문화가 다른 나라 또는 다른 지역에 존재한다는 것만으로 그곳이 우리 민족과 문화의 기원지가 될 수 있을까.

우리 것과 동일하거나 비슷한 것이 다른 곳에 있다면 먼저 우리 것이 그곳에 전파되지 않았을까라고 생각해보는 것이 정상이 아니겠는가. 아니, 적어도 그렇게 말하고 싶어 해야 하지 않을까. 그런데 왜 우리는 우리 것이 다른 곳에서 전래되었다고만 생각하는 것일까.

그것은 우리 자신, 우리 것에 자신이 없어서일 것이다. 우리 민족이 활동했던 한반도나 만주는 원래 사람이 살지 않은 황무지였고 그곳에는 독자적인 문화가 없었다는 자괴감이 자리하고 있기 때문일 것이다.

생각해보자. 학술적인 연구 결과를 떠나 '상식적'으로 생각한다면 우리가 정확하게 아는 것은 우리 부모, 조부모들은 우리가 살고 있는 이 땅에서 살았고 우리가 가지고 있는 문화의 대부분은 우리 조상에게 물려받은 것이라는 점이다.

그렇다면 '우리 민족이 어디서 왔을까'라는 질문에 우리 민족은 원래 이 땅에서 살았을 가능성이 많다고 대답해야 할 것이다. 그리고 우리 문화는 어디서 왔느냐고 묻는다면 이 땅에서 우리 조상들이 가지고 살던 것이라고 말하는 게 상식일 것이다.

필자는 우리 민족과 문화가 기원한 곳을 찾는 데 의식의 전환이 필요하다고 생각한다. 이미 과학적인 학문에 기초한 새로운 근거가 충분히 나타나고 있는데 그러한 근거들을 외면하고 자료가 부족했던 옛날의 생각을 답습하고 있다면 문제가 아닐 수 없다. 이런 의식을 가지고 있는 한 우리 자신, 우리 문화에 대해 긍지와 자존심을 가질 수 없는 것이다.

다시 말해서 우리가 다른 지역의 사람이나 문화와 같은 점이 있다는 것만으로 그곳이 우리 민족이나 우리 문화의 기원지가 될 수 없다고 필자는 생각한다. 우선 몽골과 시베리아 지역을 예로 들어보자.

외국에서 만나면 서로 자기 나라 사람으로 혼동할 정도로 몽골 사람은 우리와 많이 닮았다. 이를 두고 우리 조상들이 몽골 지역에서 이주해 왔기 때문이라고 믿는 사람들이 있다. 서양 사람들이 우리를 '몽골리안(mongolian)'에 포함시키는 것도 그런 이유 때문일 것이다.

또 몽골 문화 가운데 우리 문화와 같은 것이 있으면 그것은 몽골의 침략을 받았던 고려시대에 몽골에서 우리나라로 전래되었을 것으로 보기도 한다. 그런 면이 전혀 없지는 않을 것이다. 그러나 이러한 생각은 충분한 근거가 있는, 당연한 것이 아니다.

몽골 사람들이 우리와 닮은 것은 오히려 그들이 우리 지역에서 이주해 갔기 때문일 가능성이 많다. 몽골 지역의 주민은 여러 번 바뀌었다. 고대에 그 지역 주민은 흉노(匈奴)였다. 그러나 한(漢)나라가 대규모 흉노 정벌을 벌이자, 그들은 몽골 지역을 버리고 서쪽으로 이주하여 갔다. 그 뒤 몽골 지역에는 그 주변에 거주하던 여러 종족들이 이주하여 왔는데 그 중심부를 차지하고 세력을 떨친 종족은 보르지긴족이었다. 칭기즈칸을 배출한 종족이다. 지금 몽골에는 여러 종족이 섞여 사는데 보르지긴족이 주류를 형성하고 있다.

그런데 보르지긴족은 몽골로 이주해 가기 전 북만주 아르군 강

우리나라에 현존하는 솟대. 솟대 위에는 새가 앉아 있다. 고대 소도의 전통이 이어진 것이다.

[액이고납하(額爾古納河)] 유역에 거주했던 종족이었다. 고대에 북만주 지역에는 동부여가 있었으며 그 전에는 고조선의 영토였다. 그들이 거주했던 지역은 동부여 영역이었거나 동부여와 접경한 곳이었다. 지금 몽골에 거주하는 주류 종족인 보르지긴족은 우리 민족의 한 갈래이거나 우리 조상들과 아주 가까운 지역에 거주했던 사람들이었던 것이다. 그렇기 때문에 그들은 우리와 닮았고 우리와 같은 문화를 많이 가지고 있을 수밖에 없는 것이다.

시베리아 지역에는 부랴트족과 같은 동아시아 계통의 인종에 속하는 종족들이 살고 있다. 이들의 풍속에는 우리와 비슷한 것들이 있다. 예를 들면 곰이나 새를 숭배하는 것이 그것이다. 단군신화에는 곰이 우리 건국 시조인 단군왕검의 어머니로 등장한다. 그리고 옛 기록에 따르면 우리 조상들은 새를 사람의 영혼을 하늘로 인도해 가는 신의 사자라고 믿었다. 종교의 성지인 소도(蘇塗)에는 새가 앉아 있는 솟대가 서 있었다.

그런데 두 지역에 닮은 문화가 있다고 하여 우리 문화가 시베리아에서 왔다고 단정할 수는 없다. 오히려 그러한 문화가 우리 지역에서 그곳으로 전달되었을 수도 있는 것이다. 옛 기록을 보면 우리 조상인 부여족의 일부는 연해주 북쪽으로 이동하여 두막루(豆莫婁)라는 나라를 세웠다. 지금으로서는 그 위치를 정확하게 고증할 수 없지만 연해주 북쪽이었으므로 시베리아 지역이었을 것으로 추정된다. 이렇게 본다면 지금 시베리아 지역에 거주하는 동아시아 계통의 인종에 속하는 종족은 부여족의 후손일 가능성이 있고, 그들이 가지고 있는 문화도 고대에 우리 민족이 전달한 것일 가능성이 있는 것이다.

남방 문화와의 관계도 그렇다. 흔히 우리나라에 있는 고인돌이나 벼농사 등은 남방에서 들어왔다고 한다. 그러나 고인돌은 우리나라에서 가장 많이 발견된다. 문제는 우리 학계에서 우리 고인돌 연대를 너무 낮게 잡고 있다는 점이다. 그렇기 때문에 우리 고인돌이 다른 나라의 고인돌보다 늦게 만들어진 것으로 잘못 생각하고 있는 것이다.

벼농사도 그렇다. 종래에는 우리나라에서 벼농사는 매우 늦게 시작된 것으로 인식되었다. 그러나 근래에 구석기시대의 자연 볍씨와 신석기시대의 재배 볍씨가 출토되었고 고조선시대에는 벼농사가 널리 행해지고 있었던 것으로 확인되었다. 설사 고인돌과 벼농사가 남방에서 들어왔다 하더라도 단순히 그것만으로 우리 민족이나 문화의 한 주류가 남방에서 왔다고 말할 수 있을까. 그것은 우리 문화 가운데 지극히 작은 일부가 아니겠는가.

이제 우리 민족과 문화의 기원 문제를 푸는 데 억지로 그럴싸한 논리를 개발하려고 할 것이 아니라, 근래에 확인된 과학적 자료와 상식에 기초하여 포괄적이고 거시적으로 보는 자세를 가져야 하지 않을까 한다.

· 3 ·

우리 역사를 서양의 틀에 맞춰야만 할까

사회나 문화의 성격은 사람과 자연환경의 상호작용에 의해 만들어진다. 따라서 사회와 문화를 만들어가는 주체인 사람과 그것을 둘러싸고 있는 자연환경이 다르면 그곳에서 만들어진 사회와 문화의 성격도 다르기 마련이다.

동양이나 서양에 거주하는 사람들은 사람이라는 점에서는 같고, 자연환경도 하늘이 있고 바다와 강 그리고 산 등으로 이루어져 있다는 점에서는 기본적으로 같다. 그러므로 사회와 문화 성격이 기본적으로는 같은 부분이 있다. 그러나 동서양에 거주하는 사람의 체질이나 성격이 다르며, 또한 토양이나 기후 등이 다름에 따라 그곳에 서식하는 동식물의 종류도 다르다. 그러므로 그곳에서 만들어진 사회와 문화의 특성은 다를 수밖에 없는 것이다. 역사의 전개 과정도 마찬가지다.

우리는 서양 학문의 연구 방법이나 결과를 모델로 삼는 경우가 많다. 역사 연구에서도 마찬가지다. 서양의 역사에서 고대는 노예제 사회, 중세는 봉건제 사회, 근대는 자본주의 사회라는 역사 발전의 도식이 통용되자 그것을, 세계 역사의 발전 과정을 설명하는 보편적 이론으로 받아들여 그 도식에 맞춰 우리 역사를 설명하려고 노력했다. 그러나 거기에는 문제가 많았다.

우선 고대를 노예제 사회로 보는 것부터 문제가 있다. 우리나라나 중국의 고대사회가 노예제 사회가 되기 위해서는 그 사회의 구성원 가운데 생산에 종사하는 노예가 다수를 차지해야 하는데 과연 그러했는가. 우리나라와 중국의 고대사회는 농경사회였는데 그 사회 구성원의 다수를 차지하는 당시의 농민들이 노예였는가. 그렇게 보기는 어렵다.

고대 우리나라와 중국의 농민은 서양의 노예와는 성격이 다르다. 우리나라와 중국의 고대사회에도 노예는 있었다. 그러나 그들이 당시 생산 활동인 농경의 주된 담당자는 아니었다. 그렇다면 우리나라와 중국의 고대사회를 노예제 사회로 볼 수 없지 않은가.

그렇기 때문에 서양 학자들은 우리나라와 중국 등의 고대사회를 '동양적(또는 아시아적) 고대사회'라고 부르기도 하고 그 생산 양식을 '동양적(또는 아시아적) 생산양식'이라고 했다. 여기서 동양적이라는 말은 서양과는 다르다는 뜻이다.

그럼에도 그들은 애써 동양적인 것을 서양의 그것에 포함시켜 서양사회에 타당한 이론을 보편적 이론이라고 주장해왔다. 우리나라와 중국을 포함한 동양의 학자들도 서양 학자들의 그러한 주장을 입증하기 위해 열심히 보조 역할을 해왔다.

그런데 여기서 '동양적(Asiatic)'이라는 말은 서양과는 다르다는 뜻도 있지만 '비정상적', '예외적'이라는 뜻도 포함되어 있다. 서양은 정상적이기 때문에 그와 다른 동양적인 것은 정상적인 것이 아니라는 뜻이다. 서양의 역사 발전은 정상적인 과정을 거쳤는데 동양은 그러지 못했다는 뜻을 지니고 있는 것이다. 그것은 '비정상적'이고 '예외적'일 수밖에 없다. 이러한 발상의 밑바탕에는 실로 동양을 멸시하는 의식이 깔려 있는 것이다.

그럼에도 많은 동양 학자들은 그러한 서양 학자들의 주장을 뒷받침하는 논리를 개발하느라 수고를 해왔다. 예를 들면 노예에 대한 정의를 바꾸면서까지 동양의 고대사회를 노예제 사회에 포함시키려고 노력했던 것이다.

그러나 생각해보라. 서양의 역사 발전을 바탕으로 만들어진 역사 발전에 대한 이론이나 도식이 동양의 역사 발전 과정에 맞지 않는다면 그것은 세계의 역사 발전 과정을 설명하는 보편적인 이론이나 도식이 될 수 없다. 따라서 세계 역사 발전을 설명하는 보편적인 이론이나 도식이 다시 만들어질 필요가 있다.

동양과 서양에 다 같이 적용되는 이론이나 도식을 찾아내는 것이 불가능하다면 동양과 서양은 서로 다른 역사 발전 과정을 거쳤다고 설명되어야 한다. 만약 부분적으로 공통성과 차이점을 지니고 있다면 그 부분에 대한 설명을 분명히 해야 할 것이다.

우리나라나 중국을 비롯한 동양사회의 역사 발전 과정을 꼭 서양의 역사 발전 틀에 맞춰 설명할 필요가 있을까. 우리나라나 중국이 서양과는 다른 역사 발전의 길을 걸었다면 그 다른 점을 명확하게 설명하는 것이 우리 역사를 바르게 이해하는 길이 아닐까. 발을 잘라 신발에 맞출 수는 없는 것이다.

·4·

우리나라와 서양은 사회 구조가 다르다

우리 고대국가는 성읍국가(城邑國家)였다고 주장하는 학자들이 있다. 서양의 고대국가인 도시국가, 즉 폴리스를 옮겨 온 것이다. 서양의 고대국가는 도시국가였는데 그것을 세계 보편적 현상으로 받아들여 우리나라나 중국 등의 고대국가도 도시국가였을 것으로 생각한 것이다. 우리 옛 문헌에는 도시와 뜻이 비슷한 성읍이 보이므로 우리 고대국가를 성읍국가라고 부르게 된 것이다.

그런데 성읍의 성격이 서양의 도시와 같은 것이냐 하는 것도 문제지만 서양은 도시 그 자체가 국가였던 데 반해 우리 성읍은 국가 안에 있는 하나의 행정 단위였다. 그러므로 서양의 도시국가처럼 성읍을 국가라고 부르는 것은 옳지 않다. 우리나라와 서양은

아테네의 파르테논 신전. 고대 서양의 대표적 도시국가인 그리스 아테네에 있는 파르테논 신전 주변에서도 그리스의 척박한 토질을 확인할 수 있다.

자연환경이 달랐기 때문에 그곳에서 형성된 사회 구조가 다를 수 밖에 없었다. 따라서 국가의 성격도 달랐다.

우리 고대사회는 농경사회였고 서양의 고대사회는 상업사회였다. 우리는 토양이나 기후 조건 등의 자연환경이 농경에 알맞아 신석기시대 이래 농경을 하며 생활해왔다. 그렇기 때문에 신석기시대에 만들어진 자연마을들은 자급자족이 가능했다. 따라서 특별한 이유가 없는 한 그 마을들은 없어지지 않고 그대로 존속되었다. 이러한 상황은 산업사회가 형성되기까지 계속되었다.

그러나 서양은 달랐다. 서양의 고대사회를 대표하는 그리스를 보자. 그리스는 토질이 척박하여 농사짓기에 알맞지 않았다. 그러한 토양에서 살아남을 수 있는 강인한 식물밖에 자라지 않았다. 이 식물은 올리브나무와 포도나무 등이었다. 그리스인들은 올리브와 포도만으로는 생계를 유지할 수가 없었다. 그래서 올리브기름을 짜고 포도주를 만들어 그것을 가지고 생활에 필요한 것들과 바꿔야 했다. 에게 해와 지중해를 건너가 교역을 하지 않으면 안 되었던 것이다. 따라서 상업사회가 형성될 수밖에 없었다.

이러한 상황은 신석기시대와 더불어 시작되었다. 그곳의 마을들은 자급자족이 불가능했기 때문에 사람들은 교역하기 좋은 곳으로 모이게 되었다. 아테네와 같은 항구가 대표적인 곳이다. 이렇게 하여 도시가 형성되었고 그것이 국가로 발전하게 되었다. 이것이 서양 고대의 도시국가였다. 정확하게 말한다면 도시 주변에 농경을 하는 마을들이 다소 존재했지만 도시가 중심이 된 국가였던 것이다.

그러므로 서양의 고대국가는 도시가 바로 국가인 도시국가였지만 우리나라의 고대국가는 많은 마을들이 그물처럼 점조직으로 연결된 국가였다. 우리 고대사회에서 성읍은 일정한 지역의 마을들을 다스리는 거수(渠帥)-중국에서는 제후라 했다-또는 지방 장관이 머무르고 있는 곳으로서 일정한 지역의 중심을 이룬 다소 큰 마을이었다.

서양의 고대국가는 도시와 그곳에 거주하는 주민이 바탕을 이루었다. 그들은 각 지역의 마을에서 도시로 이주하는 과정에서 씨족 조직이 깨졌으며 도시에서의 거주는 직업이 중심을 이루게 되어 씨족 중심이 아닌 지역 유대가 형성되었다. 그리고 그들은 가진 자와 못 가진 자로 구분되어 계급의 사회 구조를 형성하게 되었다.

반면에 우리나라의 고대국가는 각 지역에 산재해 있는 마을들과 그 마을들에 거주하는 농민들이 바탕을 이루었다. 그런데 마을의 구성원들은 씨족이었기 때문에 씨족 조직이 사회 구조의 기초를 이루었다. 그 결과 서양의 고대사회가 개개인이 단위가 된 계급의 구조를 형성했던 것과는 달리 우리 사회는 씨족이 단위가 되어 그 사회의 신분을 형성하는 씨족신분제의 사회 구조를 형성하게 되었다.

이러한 사회 구조는 계속 이어져 근세 조선시대를 보면 양반 씨족에 속하는 사람은 아무리 가난해도 양반이고 상민보다 지체가 높으며, 그들을 무산계급이라고 부르지는 않았다. 반면에 상민은 아무리 재산이 많아도 상민이고 양반보다 지체가 낮으며 벼슬길에 나갈 수도 없었고, 그들을 유산계급이라고 부르지도 않았다. 그러므로 우리나라나 동양의 사회 구조를 말하면서 계급이라는 용어를 사용하는 것은 적절하지 않은 것이다.

자연환경의 차이에서 비롯된 이러한 차이는 문화에서도 나타난다. 우리나라는 씨족마을이 사회의 기본 단위이므로 씨족 질서가 사회 질서의 기본이 되는데 씨족의 기초는 가족이다. 그러므로 국가 질서가 유지되기 위해서는 씨족 질서가 유지되어야 하고, 씨족 질서가 유지되기 위해서는 가족 질서가 유지되어야 한다. 가족 질서가 유지되기 위해서는 부부의 질서와 부모와 자녀 사이의 질서가 바로 서야 한다.

따라서 우리 고대법을 보면 부부의 질서를 바로 세우기 위해 음탕한 행위를 한 사람을 엄하게 다스려 사형에 처했다. 우리 고대사회는 씨족사회였으므로 음탕한 행위는 씨족 안에서 일어날 수밖에 없었고 그렇게 되면 씨족 질서가 유지될 수 없었기 때문이었다. 그리고 부모와 자녀의 질서를 바로 세우기 위해 효도를 강조했다. 국가 질서를 세우는 충성의 바탕은 효도였다. 우리나라를 비롯한 동양에서는 나라에 대한 충성과 부모에 대한 효도는 동전의 양면과 같은 것이다.

그러나 서양은 고대국가 출현 시기에 이미 씨족 질서가 무너졌으므로 그것이 사회나 국가 질서의 바탕이 되지 못했다. 따라서 성범죄가 동양사회에서처럼 무거운 범죄로 처벌되지 않았고 부모에 대한 효도가 충성과 더불어 국가 질서를 세우는 바탕으로 인식되지 않았다. 개개인이 자신의 직분에 충실하기를 강요할 뿐이었다.

그 결과 우리나라를 비롯한 동양사회는 도덕을 중시하는 사회로 발전했고, 서양은 법을 중시하는 사회로 발전했던 것이다. 그러므로 동양사회와 서양사회의 특징을 확인하지 않고 서양사회에 적용되는 틀을 동양사회에 적용하는 것은 잘못이다.

·5·

만주 지역의 고대 유적에 관심을 갖자

수년 전 우리나라 유력한 일간지들에 중국의 장강(長江, 양쯔 강) 유역에서 발굴된 서기전 3000여 년의 제사 터에 관한 기사가 실린 적이 있다. 그 유적에 대해 상세하게 설명한 뒤 장강 유역에서 그렇게 오래된 문화유적이 발견된 것은 장강 유역에도 황하(黃河) 유역 못지않게 오래된 문화가 있었음을 보여준 것이라는 평도 함께 싣고 있었다.

그로부터 며칠 뒤 필자는 어느 일간지 문화부 기자에게 전화를 받았다. 그 기사를 읽었냐는 것이었다. 그렇다고 했더니 그 기사를 읽고 난 소감을 말해달라고 했다. 필자는 그에게 무엇 때문에 그 기사를 실었느냐고 물었다. 우리나라 유적도 아니고 중국에서 발굴된 유적을 그렇게 상세하게 보도한 것은 매우 드문 일이기 때문이었다. 중국에서는 이보다 훨씬 규모가 크고 중요한 유적이 많이 발굴되었지만 그러한 유적들의 발굴을 우리 신문에서 그렇게 상세하게 보도한 적은 별로 없었다. 그런데 장강 유역의 제사 유적 발굴은 예외였다.

기자의 대답은 이러했다. 일본의 「아사히신문」이나 「요미우리신문」 등 유력한 일간지들에서 그 유적 발굴이 크게 보도되었다는 것이다. 그러니 그 유적은 중요한 의미를 지니고 있지 않겠느냐는 것이었다. 그래서 국내의 여러 신문들이 일본 신문에 실린 기사를 받아서 실었다는 것이다.

그 대답을 들으면서 필자는 우리 국민의 역사의식 수준을 생각하지 않을 수 없었다. 신문기자는 우리 사회의 엘리트 가운데 엘리트라고 할 수 있다. 대학 졸업생 가운데 우수한 사람들이 어려운 시험과 치열한 경쟁을 거쳐 그 자리를 차지했다. 그러한 엘리트들의 생각이 저러하다면 일반인들은 어떠할까라는 생각을 하지 않을 수 없었던 것이다. 일본 신문들에서 중요하게 다루었다고 해서 우리에게도 똑같이 중요한 것은 아닐 것이다. 다른 문제도 그러하겠지만 역사는 특히 그러하다.

그래서 그 기자에게 필자의 생각을 말해주었다. 일본 신문들이 그 유적을 크게 다룬 것은 그럴 만한 이유가 있어서일 것이라고. 일본은 일본 문화가 대륙에서 왔다는 것을 말하면서도, 한국에서 왔다는 것은 인정하기 싫어한다. 그래서 그들은 고대의 일본 문화가 중국 대륙에서 직접 들어왔다고 주장한다. 예를 들면 한국에서

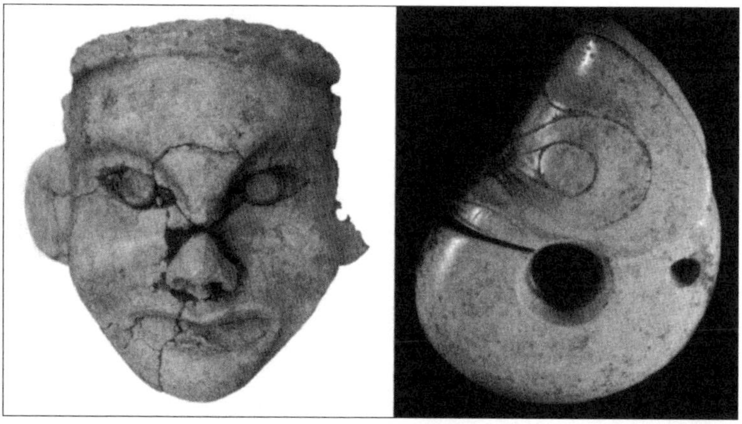

만주 요령성 우하량 유적에서 출토된 여신상의 머리(왼쪽)와 옥으로 만든 돼지 모양의 용(오른쪽). 서기전 3600년 무렵의 이 유적에서는 여신을 모셨던 사당 터와 돌무지무덤 등이 발굴되었고 옥기를 비롯한 많은 유물이 출토되었다. 이것은 당시 종교 지도자와 매우 부유한 지배층이 존재했으며 이미 수준 높은 공예품의 제작 기술을 지닌 전문인이 출현했음을 알게 해준다.

전달되었음이 분명한 벼농사도 중국 남부에서 전달되었다고 주장하는 것이다.

이러한 일본인들의 주장을 뒷받침할 만한 문헌 기록이나 고고학 자료는 거의 없다. 따라서 일본인들은 그러한 근거 자료를 찾는 데 혈안이 되어 있다. 그런데 장강 유역에서 서기전 3000여 년에 해당하는 제사 유적이 발굴되자 고대 중국 남부에도 북부의 황하 못지않은 문명이 있었다는 것이 입증되었다고 본 것이다. 그리고 그 문화가 일본 열도에 전달되었다고 주장할 수 있는 근거가 마련되었다고 일본인들은 생각한 것이다. 바로 이 점 때문에 일본 신문들에서는 그 유적 발굴을 크게 다루었을 것으로 필자는 생각한다고 그 기자에게 말해주었다.

그리고 일본 신문들이 중국 남부에서 발굴된 유적에 중요한 의미를 부여한다면 우리 신문들은 우리 땅과 연접해 있는 만주 지역에서 발굴된 유적에 관심을 가지는 것이 바람직하다는 필자의 생각을 전했다. 그곳은 고대에 우리 민족이 활동했던 지역이고 설사 우리 민족이 그곳에서 활동하지 않았다 하더라도 우리 문화와 밀접한 교류를 가졌음이 분명한 지역이기 때문이라는 설명을 덧붙였다.

또한 만주에는 우하량(牛河梁), 동산취(東山嘴) 등의 유적이 있는데 이 유적들은 장강 유역의 제사 유적보다 먼저 발굴되었고 그 연대도 앞서며 그 규모도 훨씬 크다고 설명하면서, 이 유적들에 대해 우리 신문들은 지금까지 한마디 언급도 없었다는 점을 상기시켜주었다. 이 두 유적은 연대가 서기전 3600년 무렵으로 돌을 쌓아서 만든, 매우 큰 제단과 무덤이 발굴되었는데 특히 우하량에서는 흙으로 만든 여신상(女神像)의 머리 부분이 출토되었다. 이 유적들은 서기전 3600년 무렵 이 지역에 이미 종교의 권위자가 있는 정치세력이 형성되어 있었음을 알게 해주는 아주 중요한 의미를 지닌 유적인 것이다.

며칠 뒤 필자는 그 기자가 쓴 우하량 유적에 관한 기사를 읽을 수 있었다. 참으로 고마웠다. 비록 늦기는 했지만 그래도 이 정도나마 관심을 가져주는 사람들이 있어서 우리 역사는 맥이 이어지고 있는 것이다.

·6·

임나일본부는 일본 오카야마에 있었다

일본 역사에서 우리 감정을 건드리는 문제 가운데 하나가 임나일본부(任那日本府)다. 일본의 역사 교과서 내용 왜곡에서도 이 문제는 빠지지 않고 등장했다.

잘 알려진 바와 같이 일본은 고대에 왜(倭)가 가야 지방에 임나일본부를 설치하고 한반도 남부를 지배했다고 주장해왔다. 이른바 '임나일본부설'과 '남선경영설(南鮮經營說)'로서 가야는 일본의 식민지였다는 것이다. 그래서 일제는 고구려, 백제, 신라, 가야 등이 있었던 시대를 '사국시대'가 아닌 '삼국시대'라 불렀다. 가야는 일본의 식민지였으므로 한국사에 포함될 수 없다는 것이 그들의 생각인 것이다.

일제의 어용학자들은 조선총독부의 지원으로 한반도 남부의 각 지역에서 대대적으로 고고학적 발굴을 진행했는데 그 작업은 실로 놀랄 만큼 방대했다. 당시의 발굴보고서를 보면서 일제의 발굴 업적에 감탄하는 사람이 있을지 모르지만 사실 그러한 발굴은 고대에 왜가 한반도 남부를 지배했다는 임나일본부설과 남선경영설의 고고학적 근거를 찾기 위한 것이었다. 발굴 결과 한반도 남부와 일본 열도 사이의 문화적 공통성이 발견되면 그것은 바로 고대에 왜가 한반도 남부를 지배했던 증거라고 주장했다. 따라서 우리가 일제의 발굴보고서를 읽을 때에는 그들의 유적과 유물에 대한 해석에 주의를 기울여야만 한다.

고대에 왜 열도는 한반도에 견주어 아주 낙후되어 있었으므로 왜가 한반도 남부를 지배했다는 것은 상식적으로 있을 수 없는 일이다. 그러나 일제의 학자들은 나름의 논리가 있었다. 그것은 『일본서기(日本書紀)』 기록이다. 『일본서기』에는 왜가 고구려, 백제, 신라, 임나 등과 전쟁을 하거나 사신이 오갔다는 기록이 자주 보인다. 임나는 가야를 말한다. 가야가 임나라고도 불렸음이 여러 기록에서 확인된다.

따라서 고대에 왜는 한반도에 진출하여 고구려, 신라, 백제, 가야 등과 전쟁이나 사신 교류 등의 접촉을 가졌음이 분명하다고 그들은 주장한다. 특히 임나에는 왜의 관리가 파견된 기록이 보이므로 왜가 가야를 지배했음이 분명하다고 그들은 주장하고 있는 것이다. 그러므로 일본인들의 임나일본부설과 남선경영설에 감정적으로 대응할 것이 아니라 그 잘못된 점을 학술적으로 논증하여 반박해야 한다.

일본인들의 주장을 완전히 뒤엎는 주장은 일찍이 1960년대에 북한의 김석형이 제기한 바 있다. 그는 『고대조일관계사』를 발표하여 『일본서기』에 왜와 전쟁을 했거나 사신 왕래를 했다고 기록된 대부분의 고구려, 백제, 신라, 임나는 한반도가 아닌 왜 열도에 있었던 나라들이라고 주장했다. 한반도에 있었던 고구려, 백제, 신라, 가야 사람들이 왜 열도로 이주하여 그곳에 나라를 세우고 자신들의 조국 이름을 그대로 사용했는데 『일본서기』의 내용 대부분은 왜와 이들의 관계를 전하고 있다는 것이다. 이 나라들은 왜 열도에 세워진 우리 민족의 분국으로서 고대에 우리가 오히려 왜 열도를 지배했음을 알게 한다는 것이다. 따라서 임나일본부는 왜 열도에 있었다고 주장했다.

그 뒤 남한 학계에서는, 『일본서기』는 원래 백제의 역사인데 일본인들이 자신들의 역사로 변조한 것으로서 임나일본부는 백제가 가야에 설치했던 기구였다는 주장이 있었는가 하면, 임나일본부가 대마도에 있었다는 주장도 제기되었다.

이렇게 되자 일부 일본 학자들은 슬그머니 그들의 종래 주장을 변형하여 임나일본부는 왜가 가야를 지배하기 위해 설치한 기구가 아니라 가야와 통상을 하거나 외교 통로로 이용하기 위해 가야에 설치해놓은 기구였을 것이라고 주장하기 시작했다. 우리 학자들 가운데도 이 견해에 동의하는 사람들이 상당수 있다. 이것은 임나일본부가 한반도 남부의 가야 지역에 존재했다는 사실을 인정하는 것이다. 다만 그 성격을 달리 규정하고 있을 뿐이다.

일본 후쿠오카 현에서 출토된 초기 스에키(須惠器). 이 질그릇은 5세기 전반기에 속하는 것으로 가야의 질그릇에서 일본의 특징을 지닌 질그릇으로 변화되는 초기의 것인데 가야 질그릇의 특징을 그대로 보여준다.

우리가 분명히 알아야 할 것은 『일본서기』에 등장하는 임나는 한반도에 있었던 가야가 아니라는 점이다. 『일본서기』 기록을 보면 한반도에 있었던 가야가 멸망한 뒤까지도 왜는 계속해서 임나와 교류를 가진 것으로 되어 있다.

즉 『삼국사기』에 따르면 한반도의 가야는 562년에 완전히 멸망했는데 『일본서기』에는 그 뒤 646년까지 여러 차례에 걸쳐서 임나와 사신 왕래가 있었다고 기록되어 있다. 그리고 『일본서기』에는 임나의 북쪽에 바다가 있다고 기록되어 있는데 가야는 오늘날 경상남도로서 북쪽에 바다가 없다. 이러한 사실은 『일본서기』에 등장하는 임나가 한반도에 있었던 가야가 아니었음을 분명히 해주는 것이다.

요즘은 북한의 조희승이 김석형의 견해를 더욱 발전시키고 있다. 그는 『가야사 연구』에서, 그동안 일본에서 발굴된 여러 유적에는 돌무지무덤, 고인돌 등 한반도에서 건너간 무덤 양식이 보이고 청동기, 철기, 무문토기 등 한반도에서 수입한 것으로 확인된 유물들이 많이 출토되고 있는데 특히 가야의 영향을 받은 유적과 유물이 많음을 지적했다.

그리고 왜 열도 남부 각지에는 고구려, 백제, 신라, 가야 계통의 지명이 많으며 『신찬성씨록(新撰姓氏錄)』에 실린 일본의 명문가들 가운데는 한반도에서 이주한 가문의 후손들이 많은 점도 지적했다. 이러한 사실은 일찍부터 우리 민족이 왜 열도로 이주했음을 알게 해준다는 것이다. 그리고 『일본서기』의 여러 기록을 보면 임나일본부가 있었던 곳은 한반도가 아니라 오늘날 일본 오카야마(岡山)였음을 고증하고 있다.

여기서 우리가 분명히 알아야 할 것은 일본 사람들이 임나일본부에 대한 그들의 생각을 바꾼 것이 아니라는 사실이다. 지금도 사전류나 일반 서적에는 일본이 고대에 임나일본부를 설치하여 한반도 남부를 지배했다고 적혀 있다.

필자가 보기에 임나일본부에 대한 가장 객관적이고 합리적인 연구는 김석형과 조희승이 이룬 내용이다. 하지만 그 내용이 널리 알려져 있지 않은 것이 안타깝다. 혹시 북한 학자들의 연구 결과이기 때문은 아닐까. 민족의 바른 역사가 정치체제나 이념의 대립 때문에 왜곡되거나 외면되어서는 안 될 것이다.

·7·

고선지만이 아니라 이정기도 기억하자

고구려가 신라와 당나라 연합군에게 패망한 뒤 고구려 유민의 후예로서 당나라에서 활약한 두 사람의 유명한 장군이 있다. 이정기(李正己) 장군과 고선지(高仙芝) 장군이다. 두 사람은 모두 『당서(唐書)』「열전(列傳)」에 실려 있을 정도로 중국에서 높이 평가받은 인물들이다. 그런데 고선지 장군은 우리에게 잘 알려져 있는 반면에 이정기 장군은 그렇지 못하다.

두 사람은 모두 당나라 군대에 들어가 고위직에 오른 사람들이라는 점에서는 인생행로가 비슷하지만 고위직에 오른 뒤 당나라에 대한 그들의 태도는 완전히 달랐다. 이정기 장군은 독자적인 정권을 세워 당나라에 저항한 반면, 고선지 장군은 철저하게 당나라에 충성하여 많은 은혜를 입었다.

고구려 패망 뒤 당나라에 거주하던 고구려 유민 이정기 장군은 군대에 들어가 안녹산(安祿山)의 난을 평정하는 데 크게 공을 세우기도 했는데 군졸들의 신망이 매우 높아 그들의 추대로 치청번진(淄青藩鎮)의 절도사(節度使)가 되었다. 이후 이정기 장군은 치청번진이 있었던 산동성(山東省) 일대를 완전히 자신의 세력권으로 장악하고 당나라와는 다른 제도와 법을 시행하는가 하면 당나라에 대항하면서 독립왕국처럼 다스렸다. 당시 이정기 장군의 위세는 천지를 진동할 정도였다고 한다.

여기서 주목해야 할 것은 이정기 장군이 당나라에는 대항하면서 자신과 같은 고구려 유민인 대조영이 건국한 발해와는 교역을 활발하게 전개했고 매년 사신이 왕래하도록 하는 등 친밀한 관계를 유지했다는 점이다. 아마도 발해와는 같은 민족이라는 동족의식을 가지고 있었을 것이고 당나라는 조국을 멸망시킨 원수의 나라라는 생각을 했을 것이다. 어쩌면 이정기 장군은 발해와 힘을 합해 황해를 둘러싼 환황해제국(環黃海帝國)을 건설해 고구려의 뜻을 실현하겠다는 큰 꿈을 지니고 있었을지도 모르겠다.

이정기 장군이 사망하자 그의 아들 이납(李納)이 뒤를 이었다. 이납은 독립국임을 선포하고 나라 이름을 제(齊)라 했다. 그리고 스스로 제왕(齊王)이라 칭하고 백관을 임명했다. 이납이 사망하자 그의 아들 이사고(李師古)가 뒤를 이었고, 이사고가 사망하자 그의 동생 이사도(李師道)가 즉위했다. 그 기간은 이정기 장군이 치청번진의 절도사가 된 뒤부터 55년 동안이었다. 당나라 안에 고구려인이 세운 나라가 55년 동안 당나라에 대항하면서 존재했던 것이다.

당나라에서는 여러 차례 군사를 보내 제를 쳤지만 번번이 실패했다. 제를 치기 위해 당나라는 신라에 지원병을 요청했으며, 신라는 순천군(順天軍) 장군 김웅원(金雄元)에게 군사 3만 명을 주어 당나라를 돕도록 했다. 아마도 이것은 우리 역사상 외국의 요청에 의한 최초의 해외 파병이 아닐까 싶다. 불행한 것은 그 파병이 우리 민족이 세운 나라를 치기 위한 것이었다는 점이다.

또 하나 알아둬야 할 점은, 뒤에 완도에 청해진을 건설하고 동아시아의 해상권과 국제무역을 장악했던 장보고(張保皐) 대사가 이 시기에 당나라 군대에 있으면서 당나라가 이정기 장군의 나라를 치는 것을 몸소 겪고 있었다는 사실이다. 어쩌면 이 점은 장보고 대사가 귀국을 결심하는 하나의 요인으로 작용했을 가능성이 있다. 훗날 장보고 대사가 청해진을 세운 뒤 중국에 진출하여 거점으로 삼은 곳이 바로 이정기 장군의 나라가 있었던 오늘날 산동성이었다는 사실은 우연의 일치만은 아닐 것이다.

고선지 장군은 당나라의 장군이었던 아버지를 따라 안서(安西)에 있을 때 아버지의 공로 덕택으로 어린 나이에 유격(遊擊) 장군이 되었다. 20세에는 그보다 높은 지위의 장군으로 진급하여 아버지와 같은 지위에 올랐다. 그 뒤 안서부도호(安西副都護), 사진도지병마사(四鎭都知兵馬使) 등을 지냈다. 또 소발률국(小勃律國)을 쳐서 멸하고 그 왕과 공주를 붙잡아 온 공로로 홍려경어사중승(鴻臚卿御史中丞)으로 특진했고 사진절도사(四鎭節度使)에 이어 특진겸좌금오위대장군동정원(特進兼左金吾衛大將軍同正員)이 되었다.

또한 석국(石國)을 멸한 공로로 무위태수(武威太守), 하서절도사(河西節度使)를 거쳐 우우림군대장군(右羽林軍大將軍)이 되었으며 밀운군공(密雲郡公)에 봉해졌다. 고선지 장군이 정복 활동을 했던 곳은 서역, 곧 파미르 고원 지역으로 그 위엄이 진동하여 많은 나라들이 항복했다. 그러나 승승장구하던 고선지 장군은 화려했던 젊은 날과는 달리 비운의 주인공으로 생을 마감했다. 그는 안녹산의 난을 평정하기 위해 부원수(副元帥)가 되어 출전했다가 그의 부관인 변령성(邊令誠)의 모함으로 처형당했던 것이다.

지금까지 살펴본 바와 같이 이정기 장군은 당나라 군대에서 출세했지만 절도사가 된 뒤에는 독자 노선을 걸으면서 당나라에 대항했고, 고선지 장군은 비운의 말년을 맞기는 했지만 일생을 당나라에 충성하면서 위업을 세워 은혜를 입었다.

그런데 그동안 우리에게 이정기 장군은 외면당한 반면, 고선지 장군은 비교적 잘 알려져 있었다. 왜 그랬을까. 혹시 중국의 황제를 우리 황제로, 중국을 우리 상국으로 생각했던 유가적 정치 논리 때문은 아니었을까. 이정기는 반역자, 고선지는 충신이라는 식의 의식이 작용하지는 않았을까.

당나라 원주민이 아니면서도 서역을 정벌하여 대당(大唐)을 건설하는 데 혁혁한 공로를 세우고 동서 문화 교류에도 크게 이바지한 고선지 장군도 위대하지만, 우리 시각에서는 당나라 안에 독립국을 세우고 조국 고구려를 멸망시킨 당나라에 대항했던 이정기 장군도 그에 못지않게 높이 평가해야 하지 않을까.

·8·

중국 근대의 고대사 연구를 교훈 삼자

우리나라와 중국, 일본 등 동아시아의 여러 나라들은 서양에서 근대적 학문 연구 방법을 도입하면서 많은 혼란을 겪었다. 역사학에서도 예외는 아니었다. 중국의 경우 서양의 과학적 역사 연구 방법을 도입하면서 전설로 전해오는 자신들의 고대사를 믿어야 할지 말아야 할지 크게 갈등을 겪었다.

서양의 과학적 역사 연구 방법에 따르면 어떤 사실을 인정하기 위해서는 그것을 뒷받침할 만한 확실한 증거가 있어야 한다. 중국의 고대 역사를 전해주는 오제시대나 하 왕조 등은 후대의 기록으로 전해질 뿐, 그것을 뒷받침할 만한 당시의 기록이나 확실한 증거는 없다. 그러므로 이러한 시대를 사실로 인정해서는 안 된다면서 옛 역사 기록을 의심하는 이른바 '의고학파(疑古學派)'라 불리는 학자들이 나타났다. 1920년대에 주로 활동한 이들은 과학이라는 이름으로 근거가 부족한 옛 역사를 부인하는 쪽으로 연구를 진행했다.

이에 반발하여 신화나 전설은 전혀 근거 없이 만들어진 것이 아니며 그것들이 전해주는 고대 역사도 연구할 가치가 있을 것이라고 생각하는 학자들이 출현했다. 이른바 '신고학파(信古學派)'라 불리는 학자들이다. 이들은 1928년에 중국의 국립연구기관인 중앙연구원(中央研究院)에 역사어언연구소(歷史語言研究所)를 설립하고 신화와 전설을 인류학이나 고고학과 더불어 역사 연구의 자료로 활용했다. 이들의 노력으로 고대사를 연구하는 데는 고고학이나 인류학 자료 못지않게 신화나 전설도 중요한 자료가 된다는 사실을 인식하게 되었다.

의고학파가 활동하던 시기에 중국의 고고학계도 갈등과 변화를 겪게 되었다. 중국 고고학이 시작된 것은 1920년이라고 말할 수 있다. 중화민국 정부가 들어선 뒤 서양 문명을 받아들이기 위해 과학자들을 초청하게 되었는데 그 일원으로 스웨덴의 요한 군나르 안데르손(Johan Gunnar Andersson)이 지질연구소의 광업 고문으로 오게 되었다.

안데르손은 화석 채집이 취미였다. 어느 날 유장산(劉長山)이라는 중국인이 자주색, 검은색 등의 채색 무늬가 있는 질그릇 조각을 가져왔다. 안데르손은 그것이 지중해 연안에서 발견된 선사시대의 질그릇 조각과 매우 닮은 사실을 알아내고 귀중한 유물일 것으로 판단했다.

그는 이 질그릇 조각이 발견되었다는 하남성(河南省) 민지현(澠池縣) 앙소촌(仰韶村) 지역을 발굴하여 그것과 동일한 질그릇 조각을 많이 얻었다. 그는 그렇다면 이 문화는 지중해 연안에서 발견된 채색 질그릇 문화와 관련이 있을 것이라는 판단 아래 그 길목인 실크로드로 연결되는 감숙성(甘肅省) 지역을 조사했다. 그의 생각은 맞아떨어져 감숙성 지역에서도 같은 종류의 질그릇 조각이 많이 발견되었다.

안데르손은 이를 국제 학계에 발표했다. 중국의 선사시대에 채색 질그릇 문화가 있었는데 그 문화는 지중해 연안에서 기원하여 감숙성을 거쳐 하남성에 이르렀다는 것이었다. 이 발표는 국제 학계에 큰 파문을 일으켰고 안데르손은 일약 세계적인 고고학자가 되었다. 중국에 선사문화가 있었다는 것도 큰 발견이었지만 그것이 서방에서 왔다는 사실은 서양 사람들을 우쭐하게 만들었다. 이 주장은 중국의 선사문화뿐만 아니라 중국 사람들도 서양에서 이주했을 것이라는 추측까지 낳았다.

이것은 중국인들로서는 대단히 자존심 상하는 일이었다. 중국인들은 자신들이 세계의 중심이며 자신들의 문화는 세계에서 가장 우수하다는 자긍심을 가지고 살아왔는데 그것이 하루아침에 송두리째 무너진 것이다. 중국의 젊은 학자들은 이것을 그냥 보고만 있을 수 없었다.

오금정(吳金鼎), 양사영(梁思永) 등의 젊은 학자들은 중국의 동부 해안 지역을 조사하기 시작했다. 중국의 서부 지역에서 발견된 채

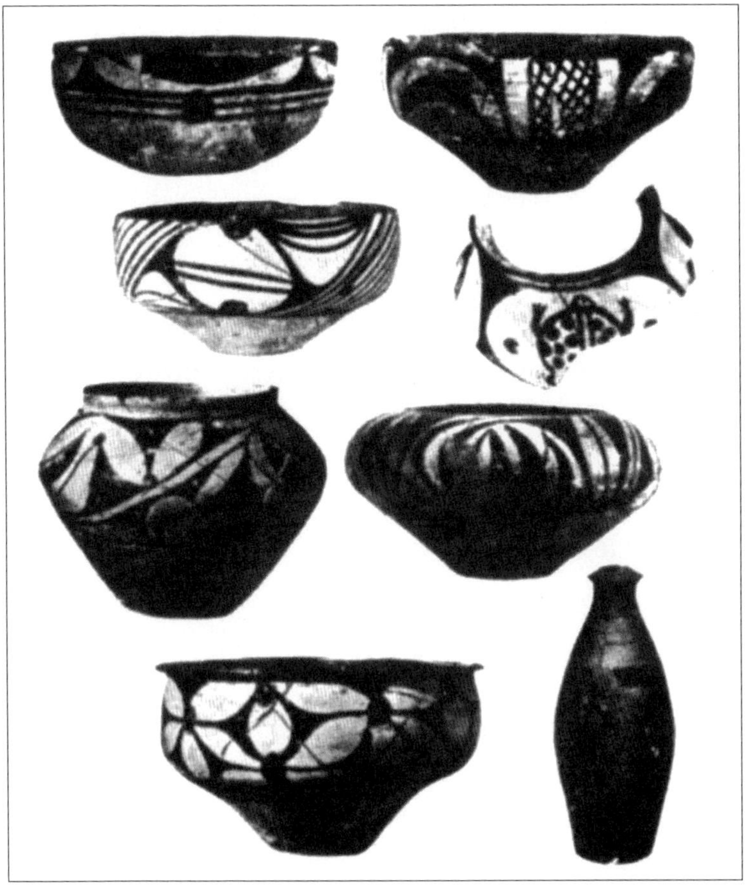

황하 중류 유역의 채색 질그릇. 중국 섬서성 묘저구 유적 1기 문화층(전기 신석기시대)에서 출토되었다. 1950년대까지만 해도 이러한 채색 질그릇 문화가 서방에서 황하 중류 유역에 전래된 것으로 믿었으나 방사성탄소연대측정 결과 이 문화는 오히려 황하 중류 유역에서 발생하여 서방으로 전파된 것으로 확인되었다.

색 질그릇 문화와 다른 문화가 동부 지역에 있을지도 모른다는 생각에서였다. 그들의 생각은 맞아떨어졌다. 그들은 산동성 역성현(歷城縣) 용산진(龍山鎭)에서 검은색 질그릇 문화를 발견했다. 그 색깔이 서부에서 발견된 채색 질그릇과는 완전히 달랐다.

그들은 중국의 선사시대에 서방에서 온 채색 질그릇 문화와 동방에서 기원한 검은색 질그릇 문화가 공존했을 것으로 생각했다. 학자들은 앞의 것을 채색 질그릇 문화[彩陶文化] 또는 앙소문화(仰韶文化), 뒤의 것을 검은색 질그릇 문화[黑陶文化] 또는 용산문화(龍山文化)라 부른다.

그들은 이어서 황하 중류 유역을 조사했는데 하남성 안양(安陽)의 후강(後岡)에서 채색 질그릇 문화가 아래층, 검은색 질그릇 문화가 중간층, 상(商) 문화가 위층을 형성하고 있는 유적을 발견했다. 유물을 검토한 결과 검은색 질그릇 문화와 상 문화는 서로 연관성이 있었다. 그래서 그들은 다음과 같은 결론을 내렸다.

일찍이 중국의 선사시대에 서방의 채색 질그릇 문화가 황하 중류 유역에 전래되었으나 오래지 않아 동방의 해안 지역에서 기원한 검은색 질그릇 문화가 그곳으로 진출하게 되었다. 이에 따라 채색 질그릇 문화는 다시 서방으로 밀려났으며 황하 중류 유역에서는 검은색 질그릇 문화가 자리 잡고 발전하여 상 문화를 낳게 되었는데 이 문화가 고대 중국 문화의 바탕을 이루었으므로 중국 문화의 바탕은 중국에서 기원한 문화라는 것이다.

그 뒤 1950년대에 이르러 방사성탄소를 이용한 연대 측정 방법이 개발되자 중국은 이 기술을 도입하여 거의 모든 유적의 연대를 과학적인 방법으로 다시 측정하여 정리했다. 그 결과 선사시대의 문화와 유적들의 연대가 지난날의 추정 연대보다 수백 년부터 2,000여 년까지 올라갔다.

그리고 채색 질그릇 문화의 연대는 황하 중류 유역이 가장 오래되었고 감숙성 지역은 그보다 훨씬 늦은 것으로 확인되었다. 채색 질그릇 문화는 서방에서 전래된 것이 아니라 황하 중류 유역에서 기원하여 서방으로 퍼져나갔다는 사실을 알게 해준 것이다. 검은색 질그릇 문화는 지역에 따라 특징을 지니고 있는데 황하 중류 유역의 검은색 질그릇 문화는 그 지역의 채색 질그릇 문화에서 발전한 것임도 확인되었다.

이상과 같이 중국에 고고학이 도입된 초기에는 중국의 선사문화는 외부에서 전래된 것으로 인식되었으나 그 뒤 연구가 계속되면서 그러한 인식이 잘못되었음이 확인되었다. 중국의 선사문화는 황하 중류 유역에서 기원했으며 이 문화가 중국 고대문화의 바탕이 되었다는 결론에 이르게 되었던 것이다. 그리고 각 선사문화는 종래에 인식했던 것보다 훨씬 오래되었음도 확인되었다. 이러한 결론을 얻기까지 의식 있는 학자들의 끈기 있는 노력이 있었던 것이다.

우리 학계에는 단군과 단군신화를 역사 사실과는 전혀 관계가 없는 믿을 수 없는 것으로 치부하는가 하면, 우리 민족과 문화는 한반도에서 기원한 것이 아니라 외부에서 들어왔다고 주장하는 사람들이 있다. 그리고 방사성탄소 측정으로 얻어진 연대는 너무 높아서 사용할 수 없다고 외면하면서 그보다 연대가 훨씬 낮은 종래의 추정 연대를 고집하는 사람들이 있다. 과학을 부인하는 것이다.

이러한 현실을 지켜보면서 필자는 마치 1920년대 중국의 의고학파와 안데르손의 영혼이 2000년대에 우리나라에서 환생한 것

같아 씁쓸한 기분을 떨쳐버릴 수 없다. 지금 우리 고대사 연구에 대한 의식 수준은 중국의 1920년대 수준에 머물러 있는 것은 아닐까.

IV

고대 역사는 무엇을 말해주나

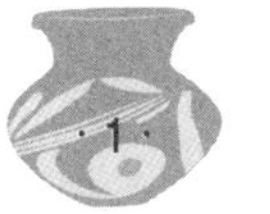

우리 민족의 중심 종족은 누구였을까

우리 민족의 실체를 파악하기 위해서는 그 형성의 중심이 되었던 세력을 확인할 필요가 있다. 이 문제에 접근하기 위해 먼저 민족에 대한 개념을 정리해보자.

민족의 개념은 학자마다 다소 견해 차이가 있지만 대체로 '일정한 지역을 단위로 하여 오랜 기간에 걸쳐 공동생활을 함으로써 종교, 언어, 풍습, 정치, 경제 등의 각종 문화 내용을 공유하고 집단귀속의식으로 결합된 가장 큰 단위의 문화공동체'라는 데 의견을 같이한다. 우리 민족은 여기에 단일 민족이라는 의식이 더해진다. 민족을 구성하는 데 반드시 혈통이 같아야 하는 것은 아니지만 우리 민족은 혈통이 같다고 생각하고 있다. 이것은 민족의식을 더욱 강화해주는 역할을 한다.

민족을 형성하는 위의 여러 요소 가운데 가장 중요한 것은 '집단귀속의식'이다. 그 외의 다른 것들은 집단귀속의식을 갖도록 만드는 요인이 되는 것들이다. 일단 민족이라는 집단귀속의식이 형성된 뒤에는 다른 일부 요소가 변하더라도 같은 민족으로 간주된다. 예를 들면 미국이나 일본에 거주하는 우리 동포 2세가 우리말이나 풍속을 모른다 하더라도 우리 민족이라는 의식을 가지고 있으면 우리 민족에 포함되는 것이다. 남북한 주민은 다른 이념과 체제를 가진 나라에 살고 있지만 같은 민족이라는 의식을 가지고 있으므로 모두 우리 민족인 것이다.

어느 시기에 우리 민족은 같은 공동체에 속한다는 집단귀속의식을 갖게 되었을까. 아마도 고조선시대였을 것이다. 고조선은 한반도와 만주 전 지역을 영토로 삼고 2,000년이 넘는 긴 기간에 걸쳐 존속했으므로 이 시기에 한반도와 만주의 거주민들은 고조선의 백성이라는 집단귀속의식을 갖게 되었을 것이다.

지난날에는 우리 민족의 형성 시기를 통일신라시대나 고려시대 또는 근대화 이후로 보았다. 통일신라시대나 고려시대로 본 것은 그 이전에는 한반도가 통일된 적이 없다고 보았기 때문이다. 우리 민족의 형성을 근대화 이후로 본 것은 민족이라는 말이 19세기에 네이션(nation)을 번역한 말이기 때문에 그 이전에는 우리에게 민족이라는 관념은 없었으며 근대화 과정에서 외국의 침략에 대항하면서 비로소 우리는 같은 민족이라는 의식을 갖게 되었을 것으로 본 것이다.

그러나 민족이라는 용어가 19세기에 출현했다고 하더라도 민족이라는 말이 갖는 개념을 갖춘 실체가 그 이전에 이미 존재했다면 그 시점을 민족의 출현 시기로 잡아야 할 것이다. 그동안의 고고학적 발굴 자료와 연구 결과에 따르면 고조선이 출현하기 전 한반도와 만주에는 마을연맹체사회 단계가 있었다. 각 지역에 있었던 마을연맹체들이 통합되어 고조선이라는 국가가 출현했던 것이다. 고조선이 건국됨에 따라 각 지역의 마을연맹체들은 고조선의 지방 정권이 되었다.

고대의 문헌 기록과 고고학 자료를 보면 고조선은 한반도와 만주 전 지역을 영토로 하고 있었으며 동시에 그 안에 많은 종족 또는 정치집단이 있었다. 같은 시대에 이들이 고조선 영토 안에 있었다면 이들을 고조선의 지방 정권으로 볼 수 있을 것이다.

이들은 필요에 따라 고조선 건국 뒤에 만들어진 집단도 있었겠지만, 고조선이 건국되기 전부터 각 지역에 분포되어 있던 마을연맹체 즉, 종족도 있었을 것이다. 그러한 종족들이 고조선 건국 뒤에는 중앙의 최고 통치자인 단군의 명을 받으면서 각 지역의 정치 단위로 존재하고 있었다. 이러한 정치집단들을 중국에서는 제후국(諸侯國)이라 했고 고조선에서는 거수국(渠帥國)이라 했다.

옛 문헌에서 확인되는 고조선 안의 정치집단(거수국, 종족)을 보면 오늘날 요서(遼西) 지역에는 기자국(箕子國), 부여, 고죽(孤竹), 고구려, 예(濊), 맥(貊), 추(追), 진번(眞番), 낙랑(樂浪), 임둔(臨屯), 현도(玄菟), 숙신(肅愼), 청구(靑丘), 양이(良夷), 양주(楊州), 발(發), 옥저(沃沮) 등이 있었고, 요동(遼東)과 한반도 지역에는 진(辰), 비류(沸流), 행인(荇人),

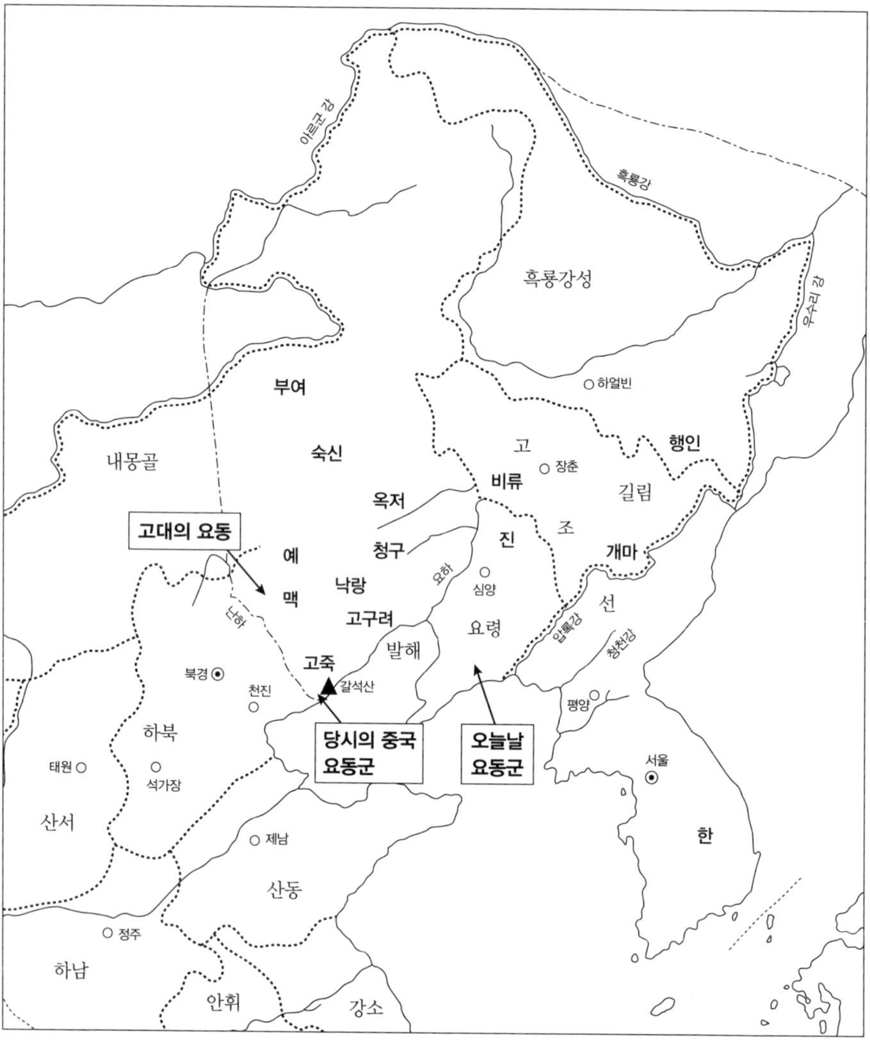

고조선의 거수국 위치 추정도. 이들 거수국은 고조선이 건국되기 전에는 각 지역의 마을연맹체로서 독립된 정치 단위였다. 이들은 종족을 이루고 있었다. 그런데 고조선이 건국됨으로써 고조선의 거수국이 되었고 이들은 모두 우리 민족이 되었다.

해두(海頭), 개마(蓋馬), 구다(句茶), 조나(藻那), 주나(朱那), 한(韓, 三韓) 등이 있었다. 이들이 모여 우리 민족을 형성했던 것이다. 문헌에 기록되지 않은 조그마한 집단까지 추정해본다면 실제로는 이보다 훨씬 많은 정치집단이 있었을 것이다.

이와 같이 우리 민족은 한반도와 만주에 거주하던 많은 종족들이 모여 형성되었다. 그 가운데 어느 종족이 민족 형성의 중심세력이었을까. 고조선이 건국됨으로써 우리 민족이 형성되었기 때문에 이 문제는 어느 종족이 고조선 건국의 중심세력이었느냐 하는 문제와도 관련된다.

이 점은 『삼국유사』 〈고조선〉조에 실린 단군신화의 내용과 고조선의 첫 번째 도읍 명칭에서 유추할 수 있다. 단군신화에 따르면 우리 민족의 형성 주체는 하느님을 숭배하던 환웅족과 곰을 숭배하던 곰족, 범을 숭배하던 범족이었다. 그 가운데 환웅족이 가장 중심에 있었다. 그러면 환웅족과 곰족, 범족은 어떤 종족이었을까.

환웅족은 밝달족, 배달족, 아사달족, 조선족, 한족(韓族) 등으로 불리던 종족이었다고 생각한다. 이 점은 단군이라는 칭호의 의미에서 설명이 가능하다. 단군은 몽골어에 하늘을 뜻하는 '텡그리(Tengri)'와 어원을 같이하는 것으로서 하느님을 숭배하는 종교 지도자를 뜻한다. 『삼국유사』에는 단군을 해모수(解慕漱)라고도 부른다고 했는데 해모수는 '해머슴아'를 한자로 표기한 것이다. 해의 아들, 곧 천자라는 뜻이다. 우리 조상들은 해를 하느님이라 믿고 통치자인 단군을 해의 아들이라 불렀던 것이다.

이렇게 보면 단군신화에 하느님으로 등장하는 '환인'도 해를 상징하는 것으로 해석된다. 환인은 '환님' 곧, '환한 님'을 한자화한 것이다. '밝달'은 환하다는 '밝'과 양달, 응달에서와 같이 땅을 뜻하는 '달'이 결합된 '환한 땅'이라는 뜻이며 이것이 배달이 되었다. 환인은 '오직 하나뿐인 님', '큰 님' 등의 뜻으로 '한님'으로도 읽혔다. 환웅은 환님의 아들[雄]이라는 뜻이다. 환웅이나 단군을 모두 하느님의 아들로 표현한 것은 이들이 모두 하느님의 후손이라는 뜻이다.

그리고 고조선의 첫 도읍 명칭인 '아사달(阿斯達)'은 우리 고어에서 아침을 뜻하는 아사와 땅을 뜻하는 달이 결합된 '아침 땅'이라는 뜻이며 이것을 한자로 표기하면서 조선이 되었다. 이렇게 보면 환웅족, 밝달족, 배달족, 아사달족, 조선족, 한족 등은 같은 종족에 대한 다른 명칭들인 것이다. 옛 문헌에는 조선은 국명으로, 한(韓)은 종족 명칭으로 주로 사용되었다. 이들은 하느님을 수호신으로 섬기며 고조선 건국을 주도했던 핵심세력이었다.

곰족은 고구려족이었다. 『후한서』「동이열전」과 『삼국지』「동이전」에는 고구려는 큰 동굴을 섬긴다고 기록되어 있는데 큰 동굴은 단군신화에 보이는 곰이 여자로 진화한 동굴을 연상하게 한다. 일본 사람들은 고구려 또는 고려-고구려를 고려라고도 불렀다-를 전통적으로 '고마'라고 읽는데 그들은 그 뜻을 알지 못한다. 고마는 곰일 것이다. 고구려족은 한족과 더불어 고조선을 세운 중심세력이었다.

범족은 예족이었다. 『후한서』「동이열전」과 『삼국지』「동이전」〈예전(濊傳)〉에 "예(濊)는 범을 섬긴다."고 분명하게 기록되어 있다.

범을 그들의 수호신으로 섬겼던 것이다. 예족은 한족이나 고구려족만큼 고조선 건국의 중심에 있지는 않았지만 수많은 종족 가운데 단군신화에 등장하는 것으로 보아 중요한 역할을 했을 것이다.

지금까지 살펴본 바와 같이 한민족은 한반도와 만주의 여러 종족이 모여 형성되었는데 그 중심세력은 한족, 고구려족, 예족이었으며 그 가운데 한족이 가장 핵심세력이었다. 한족과 같은 뜻을 지닌 다른 명칭인 아사달은 고조선의 첫 번째 도읍 명칭이 되었고, 또 다른 명칭인 조선은 국명이 되었던 것이다.

· 2 ·

동이는 중국 민족일까, 우리 민족일까

우리 상고사에서 혼선을 일으키는 문제에는 동이(東夷)의 인식 차이에서 비롯된 것이 많다. 대개 동이를 우리 민족으로 보느냐 그렇지 않느냐 하는 문제와 결부되어 있다. 그러므로 우리 역사의 주체를 바르게 인식하려면 이 점을 분명히 할 필요가 있다.

원래 이(夷)는 황하 중류 유역에 거주하던 하족(夏族)이 주변에 거주하던 다른 종족을 부르던 명칭이었다. 예를 들면 중국의 옛 문헌에 사이(四夷)라는 말이 나오는데 이것은 하족이 그들의 사방에 거주하던 다른 종족들을 지칭한 말이다. 그러던 것이 방위 개념이 분명해지면서 하족은 주변에 거주하는 다른 종족들을 방위에 따라 각각 다른 명칭으로 구별하여 부르게 되었다. 동이, 서융

(西戎), 남만(南蠻), 북적(北狄)이 그것이다. 이렇게 되어 동이는 하족의 동쪽에 거주하는 사람들을 가리키는 명칭이 되었던 것이다.

그런데 서융과 북적, 남만이 거주했던 지역은 사람이 살기 좋은 환경이 아니었다. 중국의 지형은 서쪽과 북쪽은 고원과 산악 그리고 사막으로 형성되어 있고 남쪽은 기온이 높고 습기가 많아 숲이 우거져 있어서 철기가 일반화하기까지는 개간하기 어려웠다. 그러므로 상고시대에 이 지역은 문화 수준이 낮았다.

반면에 하족이 거주했던 황하 중류 유역의 하남성, 산서성(山西省) 남부, 섬서성(陝西省) 동부와 동이가 거주했던 하북성(河北省), 산동성, 강소성(江蘇省)은 농경에 알맞은 평야지대로 경제 기반이 튼튼하고 문화 수준이 높았다. 따라서 통일 전 중국의 역사는 동이족과 하족이 동서로 대립하는 양상을 보이고 있었다.

『사기(史記)』「오제본기(五帝本紀)」에는 하족의 두령인 황제(黃帝)가 인근의 족장인 염제(炎帝)를 복속시킨 뒤 동이의 두령인 치우(蚩尤)와 탁록(涿鹿)의 들에서 큰 전쟁을 하여 치우를 사로잡아 죽였다고 기록되어 있다. 이는 중국에 거주하던 여러 종족들의 세력 다툼을 전하는 것으로, 황하 중류 유역에 거주하던 하족과 하류 유역에 거주하던 동이 사이에 큰 세력 다툼이 있었음을 말하고 있다.

중국의 첫 번째 왕조인 하시대에 집권하고 있던 하족과 동이 사이에 여러 차례 전쟁이 있었던 것으로 전해오고 있으며 상나라 문자인 갑골문(甲骨文)에 따르면 상나라와 동이 사이에도 여러 차례 큰 전쟁이 있었던 것으로 확인된다. 특히 상나라 말기에 오늘날 산동성에 있었던 인방(人方)-이방(夷方)으로도 읽는다. 방(方)은 후대의 국(國)과 같은 뜻이다-과 큰 전쟁을 치렀는데 상 왕실은 비록 전쟁에서는 승리했으나 너무나 많은 인적·물적 손실을 입었고 민심까지 잃어 멸망하게 되었다.

상의 뒤를 이은 서주(西周)시대에도 동이와의 갈등은 계속되었다. 한때 회하(淮河) 유역에 거주하던 서이(徐夷)가 서주의 도읍인 호경(鎬京)을 치고 계속 진격하여 황하 상류 유역까지 차지하기도 했다. 동이는 춘추(春秋)시대까지도 활동했던 것으로 기록에 나타난다. 동이는 중국에 세습 왕조가 출현하기 전부터 하족과 교류하거나 대립하면서 동서로 중국 역사의 두 축을 형성했던 것이다.

여기서 유의해야 할 것은 중국 문헌에 등장하는 이 시기의 동이는 오늘날 중국 영토 안에 거주하고 있었으며 여러 개의 다른 명칭을 가진 종족들이었다는 점이다. 『후한서』「동이열전」은 견이(畎夷), 우이(于夷), 방이(方夷), 황이(黃夷), 백이(白夷), 적이(赤夷), 현이(玄夷), 풍이(風夷), 양이(陽夷) 등 아홉 종족이 있었다고 소개하고 있다. 이들은 황하 하류 유역과 회하 유역에 거주하고 있었는데 서기전 221년 진(秦)나라가 중국을 통일함에 따라 진제국의 민호(民戶)가 되었다. 진제국의 백성이 되었던 것이다.

진제국은 통일 뒤 겨우 15년이라는 짧은 기간 존속하다가 망하고 한제국[漢帝國 : 서한(西漢), 동한(東漢)]으로 이어졌다. 중국 대륙에 거주하던 모든 사람들이 같은 나라의 백성이 된 것은 진제국 때였지만 그 기간은 너무 짧아서 이들을 통칭하는 명칭은 그 뒤를 이은 한제국의 국호를 따라 한족(漢族)이라 불리게 되었다. 그러므로 한족은 하족과 동이족을 비롯하여 서융, 남만, 북적 등으로 불리던 중국 안의 종족들이 모두 포함되어 이루어졌던 것이다.

중국이 통일된 뒤 동이에 대한 개념은 달라졌다. 진제국이나 한 제국의 영토 안에 거주했던 동이는 이미 한족이 되었으므로 이들을 더는 동이라 부르지 않고 그 밖의 만주와 한반도 그리고 왜 열도에 거주하는 종족들을 동이라 부르게 된 것이다. 『후한서』「동이열전」과 『삼국지』「동이전」의 각 전(傳)에서 설명하는 부여, 읍루, 고구려, 동옥저, 예, 한, 왜 등은 모두 중국 통일 뒤의 개념에 따른 동이인 것이다.

여기서 다음과 같은 의문이 제기된다. 중국이 통일되기 전 그 동부 해안 지역에 거주했던 동이와 통일된 뒤 만주와 한반도 그리고 왜 열도에 거주했던 동이는 동일한 종족 또는 민족일까. 아니면 동이란 하족 또는 한족들이 동쪽에 거주한 사람들을 통칭해서 부른 명칭일 뿐 종족이나 민족 명칭은 아니었던 것일까.

이 가운데 어느 개념을 택하느냐에 따라 고대 우리나라와 중국의 관계사가 달라진다. 만약에 동이가 종족이나 민족의 명칭이었다면 상고시대에 우리 민족의 일부는 중국에 거주하면서 하족과 대립했다는 논리가 성립된다.

그러나 오늘날 우리가 유럽과 미국 사람을 통칭해서 서양 사람이라고 부르듯이 하족이나 한족이 그들의 동쪽에 거주한 사람들을 통칭해서 '동이'라 불렀다면 상고시대 중국 안에 거주했던 동이를 우리와 같은 종족이나 민족이라고 보기 어렵게 되는 것이다. 미국 사람이 서양 사람에 속하기는 하지만 서양 사람 모두가 미국 사람은 아니듯이 우리 민족이 동이에 속하기는 하지만 동이 모두를 우리 민족이라고 말할 수는 없기 때문이다.

이 점을 분명히 하려면 민족이나 종족에 대한 개념을 알 필요가 있다. 우리 민족의 범위를 어느 지역 주민까지 잡아야 할 것인지 그 한계를 분명히 할 필요가 있기 때문이다. 민족은 지역을 단위로 한 공동문화집단으로서 그 집단에 속한다는 집단귀속의식을 가진 사람들을 말한다고 앞서 밝힌 바 있다. 또한 이러한 집단귀속의식이 형성되기 위해서는 국가 또는 이와 비슷한 조직체 속에서 종교, 언어, 풍속, 경제생활 등 동일한 문화를 가지고 오랫동안 함께 생활해야 한다. 종족은 민족과 거의 같은 개념의 집단이지만 민족보다 혈연관계가 중요시된 집단으로서 그 규모가 민족보다 작다. 여러 개의 종족이 모여 민족을 이루는 경우가 많다.

우리 민족은 부여, 고죽, 고구려, 예, 맥, 추, 진번, 낙랑, 임둔, 현도, 숙신, 청구, 양이, 양주, 발, 옥저, 진(辰), 비류, 행인, 해두, 개마, 구다, 조나, 주나, 한(韓) 등의 여러 종족으로 이루어졌다. 옛 문헌에 이들은 고조선 안에 있었던 정치집단(거수국)의 명칭으로 등장한다. 이들은 고조선이 건국되기 전 한반도와 만주에 거주하던 종족들로서 그들의 거주지가 고조선의 영토에 편입됨에 따라 우리 민족의 구성원이 되었던 것이다. 이 가운데 일부는 고조선의 통치능력이 약화되자 독립하여 그들의 종족 명칭을 국명으로 사용하기도 했다.

고조선이 건국되어 한반도와 만주 지역을 통치하게 됨에 따라 그곳에 거주하던 여러 종족은 자신들이 고조선이란 공동체에 속한다는 집단귀속의식을 갖게 되었는데, 고조선 건국 이전부터 고조선의 영토 밖에 거주하던 동이-중국 안에 거주하던 동이-도 우리 민족에 속한다는 집단귀속의식을 가지고 있었을까. 그렇게 보기는 어려울 것이다.

그러므로 다음과 같은 결론에 도달한다. 동이는 하족이나 한족이 그들의 동쪽에 거주하던 다른 종족이나 민족을 일컬었던 칭호였다. 우리 민족은 동이에 포함되지만 동이 모두가 우리 민족은 아니었다. 따라서 동이 전체를 주체로 하여 우리 역사를 인식하거나 서술하는 것은 그 주체가 불분명해지는 혼란을 가져오게 될 것이다.

여기서 유의해야 할 것은 역사의 주체에 대해 중국인들은 우리와 다른 생각을 가지고 있다는 점이다. 우리는 역사의 주체를 민족 단위로 생각하고 있고 우리 자신을 단일 민족으로 생각하지만 중국인들은 그렇지 않다. 중국은 다민족국가일 뿐만 아니라 한족(漢族)도 여러 종족의 집합체이기 때문에 중국 안에 거주한 종족이나 민족을 모두 중국 역사의 주체에 포함시킨다. 중국인들에게 중국 안에 거주했던 동이는 중국인일 뿐이다.

3

『사기』에서 기자는 왜 독립하지 못했을까

오래전 어느 학술회의장에서 『사기』에 단군이나 단군조선에 관한 내용이 보이지 않으니 그 실존을 인정할 수 없지 않느냐는 질문을 받은 일이 있다. 참으로 어이없는 질문이었다. 사마천(司馬遷)의 『사기』가 높이 평가받는 역사서인 것만은 틀림없지만 그것은 어디까지나 중국의 역사서인 것이다. 그러므로 우리 역사가 그곳에 실려 있어야 할 이유는 없다.

간혹 우리와 관계된 내용이 실려 있기는 하지만 그것은 우리 역사를 기록하기 위한 것이 아니라 중국의 역사를 서술하는 과정에서 필요에 따라 언급된 것이다. 예를 들면 중국의 대외무역을 설명하면서 우리 특산물이 언급된다든지 대외전쟁을 기록하면서 고조선의 서부 국경을 언급하는 경우 등이다.

이에 대해서 『사기』에는 우리나라에 관한 기록으로 「조선열전(朝鮮列傳)」이 있지 않느냐고 반문하는 사람이 있다. 그러나 『사기』의 「조선열전」은 위만조선(衛滿朝鮮)에 관한 기록이다. 조선이라는 명칭 때문에 사마천이 우리 역사를 『사기』에 실은 것으로 오해하기 쉬운데 사마천은 위만조선을 우리나라의 역사가 아니라 중국 역사의 일부로 기록한 것이다.

「조선열전」은, 위만이 나라를 세우고 서한의 '외신(外臣)'이 되었다고 한 뒤 서한 무제(武帝)가 위만조선을 쳐서 멸망시킨 과정을 기록하는 데 내용의 대부분을 할애하고 있다. 따라서 『사기』「조선열전」은 위만조선을 연구하는 데 가장 기본적인 사료이기는 하지만 우리 역사로서 기록된 것은 아니다. 위만조선이 우리 역사의 주류에 위치할 수 있는지도 검토해볼 문제다.

여기서 우리는 기자라는 인물을 생각해볼 필요가 있다. 기자는 위만과 더불어 우리 상고사와 깊은 관련이 있는 중국인이다. 기록에 따르면 그는 서주 초에 조선으로 망명한 인물로서 서주 무왕(武王)이 그를 조선에 봉했다고도 전한다. 위만은 서한 초에 조선으로 망명하여 기자의 후손인 준왕(準王)의 정권을 빼앗아 위만조선을 건국한 사람이다. 기자와 위만은 시대만 다를 뿐 중국에서 조선으로 망명한 사람들이라는 점에서는 같다.

그런데 기자는 상나라 왕실의 후예로서 기(箕)라는 곳에 봉해진 제후였다. 그는 자신의 조국 상나라가 주족 때문에 멸망하자 조선으로 망명했지만 뒤에 서주를 방문하여 무왕에게 정치의 대요인

홍범(洪範)을 강의하기도 했다. 공자(孔子)는 그를 비간(比干), 미자(微子)와 더불어 상나라 말기의 어진 인물 세 사람 가운데 한 사람이라고 높이 평가했다. 이와는 달리 위만의 신분은 그리 높지 않았던 것 같다. 분명한 기록은 없지만 높이 잡아도 서한 초에 연(燕) 지역의 제후왕(諸侯王)으로 있었던 노관(盧綰)의 부장 정도였을 것으로 추정된다.

중국 역사에서 기자는 위만보다 훨씬 높이 평가되어야 할 인물이다. 그럼에도 사마천은 위만조선에 관해서는 「조선열전」이라는 명칭으로 독립해 기술한 반면, 기자에 대해서는 「주본기(周本紀)」, 「송미자세가(宋微子世家)」, 「태사공자서(太史公自序)」 등을 기술하는 과정에서 부분적으로만 언급했을 뿐이다.

사마천은 왜 위만은 독립된 열전으로 취급하면서 기자는 그렇게 하지 않았을까. 혹시 기자에 대한 지식이 부족했기 때문은 아닐까. 그렇지는 않았을 것이다. 기자의 후손인 준왕이 위만에게 정권을 빼앗긴 시기는 사마천이 출생하기 겨우 수십 년 전의 일이다. 따라서 그는 기자와 그 후손을 잘 알고 있었다고 보아야 한다. 그러나 그는 기자를 독립된 「세가(世家)」나 「열전(列傳)」으로 다루지 않았다.

기자의 존재를 부인하고자 하는 사람들은 그에 대한 기록이 부실한 것을 근거로 그의 실존을 의심하기도 한다. 그러나 기자는 갑골문-갑골문에는 기후(箕侯)로 나온다-에서도 확인되고 『사기』, 『상서대전(尙書大典)』, 『논어(論語)』 등에 기록되어 있는 인물이므로 실존 인물로 보아야 할 것이다.

기자가 「세가」나 「열전」에 들지 못한 것은 사마천의 역사의식과 관계가 있다. 사마천은 『사기』를 편찬하는 데 나름의 기준이 있었고 그것을 철저하게 지켰다. 『사기』의 기술 대상은 중국의 천자를 중심으로 그의 통치 아래 있는 곳만을 포함시켰으며 그 밖의 지역은 제외했다.

사마천은 『사기』의 「태사공자서」에서 『사기』의 편찬 방법과 내용 그리고 기준에 대해 "18수(宿)가 북극성을 중심으로 돌고 있고 30개 수레바퀴의 살이 모두 하나의 속바퀴에 집중되어 있어 그 운행이 무궁한 것처럼, 보필하는 신하들을 여기에 비기어 그들이 충신의 도를 행함으로써 천자를 받드는 모습을 내용으로 30세가를 지었다. 그리고 정의롭게 행동하고 기개가 있어 남에게 억눌리지 않으며 세상에 처하여 기회를 놓치지 않고 공명을 천하에 세운 사람들의 일들을 내용으로 70열전을 지었다."고 밝히고 있다.

『사기』는 「본기(本紀)」, 「표(表)」, 「서(書)」, 「세가」, 「열전」으로 구성되어 있는데 기본 골격은 천자에 관한 기록인 「본기」와 제후에 관한 기록인 「세가」 그리고 여러 분야의 인물에 관한 기록인 「열전」이다. 「표」와 「서」는 이를 보완한 것으로서 「표」는 연표이고 「서」는 문물제도 변천사다.

여기서 중요한 것은 사마천이 천자를 북극성 또는 수레바퀴의 속바퀴에 비유하고 제후들을 북극성의 주위를 운행하는 18수나 속바퀴에 집중되어 있는 수레바퀴의 살과 같은 것으로 인식했으며 이들과 그 주위 여러 분야의 사람들이 함께 역사를 엮어간다고 보았다는 점이다. 그러므로 그가 지은 『사기』는 중국 천자를 중심으로 한 통치 질서 안에 포함된 것만을 담고 있는 것이다.

따라서 사마천은 위만이나 위만조선은 중국의 통치 질서 안에 포함된 서한의 외신이었지만 기자나 기자국은 그렇지 않은 것으로 인식했던 것이다. 기자는 상나라 말기에 주왕(紂王)의 폭정을 피하기 위해 거짓으로 미친 척하다가 감옥에 갇혔는데 주족이 상 왕실을 멸망시킨 뒤 그를 감옥에서 풀어주었다.

그러나 기자는 조국이 망한 부끄러움을 참을 수 없어 조선으로 도주했다. 이 소식을 들은 서주 무왕은 기자를 그곳에 봉했다. 그 뒤 기자는 자신을 봉해준 데 대한 인사를 하지 않을 수 없어 서주 무왕을 찾았으며, 그때 무왕에게 홍범을 설명했다고 한다. 이것이 『사기』「주본기」와 「송미자세가」 그리고 『상서대전』에 실려 있는 내용이다.

위의 내용에 따르면 기자는 서주 무왕의 봉함을 받아 조선으로 간 것이 아니라, 스스로 결정하여 조선으로 도주했으며, 무왕은 그 소식을 듣고 그를 그곳에 봉했다. 기자는 무왕 덕분에 감옥에서 풀려난 고마움을 저버리고 조선으로 도망했던 것이다. 무왕으로서는 배신감을 느꼈을 것이다. 그러나 기자의 인품을 생각해서 조선에서 사는 것을 인정해주었다고 보아야 할 것이다. 이것을 천자의 행위에 대한 중국식 표현으로 '봉했다'고 기록한 것이다. 그러므로 기자는 조선으로 이주한 뒤에는 서주의 신하가 아니었던 것이다.

『사기』「송미자세가」에는 "무왕은 기자를 조선에 봉했으나 신하는 아니었다[武王乃封箕子於朝鮮 而不臣也]."고 했다. 그렇다면 기자는 어느 나라 신하였을까. 중국의 여러 문헌에는 기자와 그 후손을 '조선후(朝鮮侯)'라고 부르고 있다. 조선의 제후라는 뜻이다. 이것을 지난날 일부 학자들은 '조선에 봉해진 서주의 제후'라는 뜻으로 해석하면서 기자가 고조선의 통치자가 되었다는 것으로까지 확대 설명했다. 그러나 앞에서 본 바와 같이 기자는 서주의 신하(제후)가 아니었다.

따라서 이는 기자가 고조선의 제후였음을 말하는 것으로 해석되어야 할 것이다. 중국의 여러 기록과 출토된 유물에 따르면 기자는 단군조선의 서부 변경인 오늘날 요서 지역에 망명하여 거주했던 것으로 확인된다. 그는 그곳에 거주하면서 단군조선의 제후가 되었던 것이다. 이러한 이유 때문에 사마천은 기자나 기자국을 중국의 역사서인 『사기』에 「세가」나 「열전」으로 독립해 기록하지 않았던 것이다.

· 4 ·

고대에 우리 민족의 대외 진출은 어떠했나

그동안 통용된 국사 교과서나 개설서들은 우리 민족의 국내 활동에 치중하여 서술하고 있기 때문에 대외 활동은 소홀히 다룬 면이 없지 않다. 그 결과 우리는 옛날부터 소극적인 삶을 영위한 민족이었던 것처럼 인식되었다. 그러나 사실은 그렇지 않다.

우리 고대사를 보면 고조선은 한반도와 만주 전체를 아우른 큰 나라였고 그 뒤를 이은 여러 나라들은 대외 활동이 매우 활발했다. 우리 민족의 일부를 이루었던 숙신족(肅愼族)의 일부는 연해주로 이주하여 읍루라는 나라를 세웠고 부여족 일부는 연해주 북쪽 시베리아 지역으로 이주하여 두막루라는 나라를 세웠다. 우리 민족의 활동 영역이 동북쪽으로 연해주와 시베리아 지역까지 확장

되었던 것이다.

오늘날 요동에서 건국된 고구려는 산서성의 태원(太原)까지 쳐들어간 적이 있으며, 고조선의 옛 땅이었던 오늘날 요서 서부를 수복하여 북경 근처까지를 영토로 삼아 고조선의 천하질서를 회복하고자 했다. 일반적으로 고구려의 영토를 오늘날 요하(遼河)까지였다고 말하고 있는데 그것은 잘못되었다.

흔히 우리 민족은 이민족의 침략을 방어만 하여 피동적인 자세를 취했던 것처럼 말하는 사람들이 있는데, 결코 그렇지 않다. 고구려는 동한과의 전쟁에서 자주 승리했으며, 큰 전쟁은 대개 고구려의 승리였다. 이러한 사실은 『후한서』「동이열전」과 『삼국사기』「고구려본기(高句麗本紀)」에 잘 기록되어 있다.

후대에 을지문덕 장군이 수양제(隋煬帝)에게 승리한 전쟁은 수나라를 멸망으로 몰아넣기도 했다. 당시 고구려는 오늘날 요서 지역까지 포함한 거대한 영토를 가진 동방의 강국으로서 수나라는 이러한 고구려를 매우 두려워했고 고구려를 그대로 두고는 자신들의 나라가 안전할 수 없다고 생각했다.

이에 수양제는 국운을 걸고라도 고구려를 쳐야 한다고 생각했던 것이다. 당시 수나라의 상비군은 113만여 명이었는데 이를 200만 명이라고 과장해서 선전하는 한편, 그 2배인 400만 명을 징집했다. 수나라가 고구려를 치기 위해 무려 513만여 명에 달하는 인원을 동원했던 것이다.

513만여 명의 장정을 동원했다면 아무리 인구가 많은 수나라라 하더라도 국운을 건 대전쟁이 아닐 수 없었던 것이다. 이러한 전쟁에서 수양제는 을지문덕 장군이 이끈 소수의 고구려 군사에게 참패를 당하고 말았다.

내부적으로는 대운하 건설 등의 노역에 장정들이 자주 동원되어 농촌 경제는 피폐해 있었고, 이에 대한 불만이 고조된 가운데 고구려와의 전쟁에서도 참패를 당하자 수나라에서는 황실에 반대하는 봉기가 일어났다. 그 결과 수나라는 멸망했던 것이다.

그러므로 을지문덕 장군의 승리는 단순히 수나라의 침략을 방어한 데 그친 것이 아니라 수나라를 멸망으로까지 몰아넣었던 것이다. 고구려는 소수의 병력으로 세계 역사상 가장 많은 인원을 동원한 수나라를 물리친, 전쟁사에 길이 남을 큰 승리를 이끌어냈던 것이다.

수나라가 건국되기 전 고구려가 고조선의 옛 땅인 오늘날 요서 지역을 수복하여 영토로 삼고 있었을 때 백제는 바다를 건너 중국 동부 해안 지역을 차지하고 있었다. 중국의 삼국시대[위(魏)·촉(蜀)·오(吳)]인 246년에 위나라의 유주자사(幽州刺史) 관구검(毌丘儉)은 고구려를 침략하여 수도 환도성(丸都城)에 쳐들어왔다. 이때 백제는 유주(幽州)가 비어 있는 틈을 이용하여 좌장 진충(眞忠)에게 그곳을 치도록 하여 오늘날 북경과 천진(天津) 지역에 백제군(百濟郡)을 설치했다. 그 뒤 백제는 세력을 넓혀 남쪽으로 산동성·강소성·절강성(浙江省) 지역까지 지배했을 뿐만 아니라 광서장족자치구(廣西壯族自治區) 지역에도 진출했다.

백제의 중국 동부 해안 지역 지배는 수나라가 중국을 통일하기 직전까지 340년이 넘도록 계속되었다. 백제가 수도를 한성(오늘날

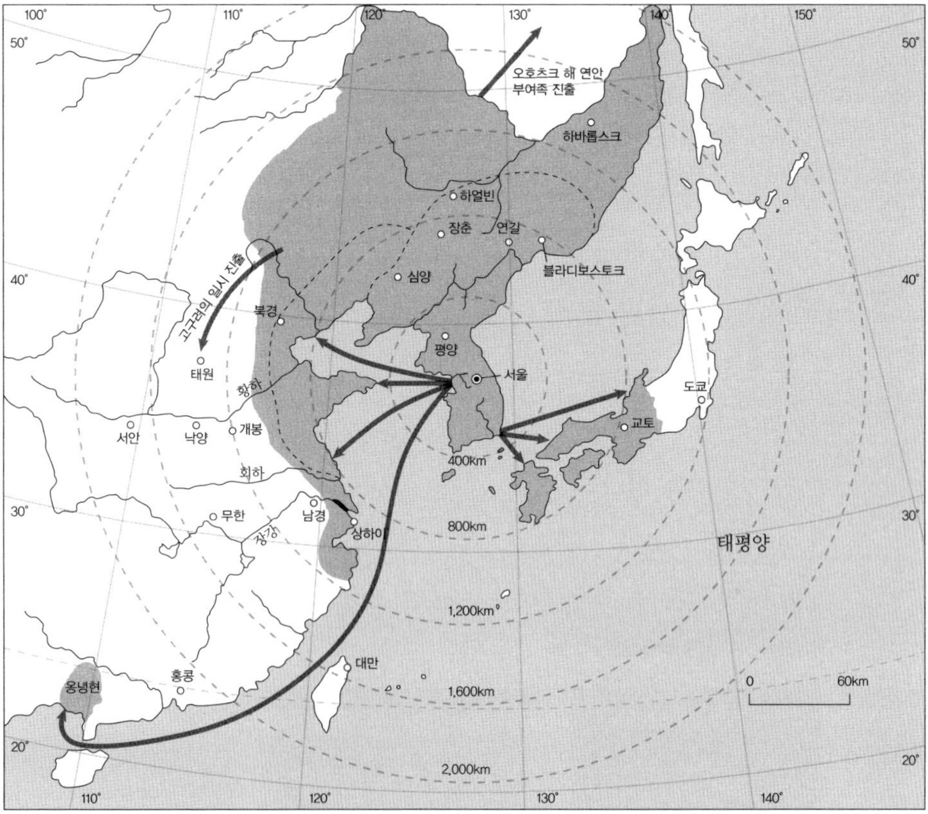

열국시대 한민족의 진출 지역도. 열국시대에 우리 민족은 매우 활발한 대외 활동을 벌여 동북쪽은 연해주, 북쪽은 내몽골, 서북쪽은 북경과 천진 지역, 서쪽은 중국 동부 해안 지역, 동남쪽은 왜 열도의 남부에 진출하여 그 지역을 지배하고 문화를 발전시켰다.

서울)에서 웅진(오늘날 공주), 그리고 사비(오늘날 부여)로 옮기면서도 중국 동부 해안 지역의 지배는 계속되었다. 아마도 백제는 한강 유역에서 고구려와 대치하여 국력을 낭비하는 것보다는 그곳을 포기하고 한반도 남부와 중국 동부 해안의 곡창지대를 확보하고 있는 것이 더 유리하다고 판단했을 가능성이 있다. 이러한 사실은 백제가 강력한 해양국가였음을 알게 해준다.

수나라가 중국을 통일하게 되면서 백제는 중국 동부 해안 지역에서 밀려나게 되었지만 그 뒤 당(唐)시대에는 그곳에 우리 민족의 후예가 독립정권을 수립했다. 이정기 장군의 치청번진이 그것이다. 치청번진은 오늘날 산동성 지역으로, 이정기 장군의 뒤를 이어 그의 아들 이납과 이납의 아들 이사고, 그리고 이사고의 동생 이사도에 이르기까지 55년 동안 그의 일가가 지배했다.

당나라는 신라와 연합하여 고구려와 백제를 멸망시킨 뒤 고구려 사람 20여만 명을 중국 지역으로 분산 이주시킨 바 있는데 이정기 장군 가문은 그때 산동성 지역으로 이주했던 것 같다. 이정기 장군은 안녹산의 난 때 무공을 세워 이름을 떨쳤는데 뒤에 주위의 신망을 얻어 치청번진의 절도사가 되었다. 그는 당나라의 힘으로 절도사가 되었지만 치청번진에 독자적인 법과 제도를 시행하고 독립적으로 행동하면서 당나라 황실에 대항했다. 그 후기에는 국명을 제(齊)라고 했다. 중국 안에 고구려 유민이 세운 독립정권이었던 것이다.

치청번진은 당나라 황실과는 적대 관계에 있었으면서도 발해와는 화친 관계를 맺어 정치 교류와 경제 교역이 잦았다. 같은 고구려 유민이었던 이정기와 대조영이 세운 치청번진과 발해가 화친을 맺고 있으면서 당나라 황실에 대항했다면 이들은 과연 무슨 생각을 했을까? 서로 힘을 합해 고구려의 웅대한 기상과 사상을 되살리려고 하지 않았을까? 치청번진은 55년 동안 존속하다가 당 헌종(憲宗) 때 국력을 총동원한 당나라의 공격으로 멸망했다.

그로부터 19년이 지나 신라의 장보고 대사가 다시 이 지역에 진출했다. 원래 장보고 대사는 오늘날 완도 출신으로 중국에 건너가 무령군의 군중소장이라는 직위에 올라 있었는데, 신라인들이 중국 해적들에게 붙잡혀 팔려 가는 것을 보고 이를 막기 위해 귀국한 뒤 828년에 고향인 완도에 청해진을 건설했다.

장보고 대사는 청해진을 거점으로 일본 열도의 남부와 중국 동부 해안 지역을 장악하고 우리나라를 중심으로 일본 열도와 중국을 잇는 해상왕국을 건설했다. 장보고 대사는 이 지역을 지배하고 있었을 뿐만 아니라 국제무역의 통로로 활용했다. 이를 이용하여 멀리 아랍 지역과도 무역을 했다. 국제적인 종합무역 활동을 벌였던 것이다.

장보고 대사가 장악했던 중국 동부 해안 지역은 북쪽의 산동성에서 남쪽의 절강성까지 이르렀는데, 그 중심부는 산동성으로서 이정기 장군의 치청번진이 있었던 곳이며 그보다 앞서 백제가 지배했던 지역이었다. 이정기 장군이 치청번진을 당나라에 대항하는 독립세력으로 키울 수 있었던 것이라던가, 그 뒤를 이어 장보고 대사가 그 지역을 장악할 수 있었던 것은 백제가 그 지역을 지배했던 역사적 바탕 위에서 가능했던 것이다.

우리 민족의 왜 열도 진출도 매우 이른 시기부터 시작되었다. 일본의 신석기문화인 조몬문화(繩文文化)에서는 우리 신석기문화 요소가 많이 발견되어 조몬문화시대에 이미 우리 신석기문화가 왜 열도에 전달되었음을 알게 한다. 특히 서기전 3세기 무렵부터 서기 3세기 무렵까지 존속되었던 야요이문화(彌生文化)는 우리 청동기문화와 철기문화, 벼농사 등이 전달되어 형성된 것이다.

세계 어느 지역에서나 정상적인 발전 과정을 거친 곳에서는 청동기문화가 먼저 등장하고 상당히 긴 세월이 지난 뒤에 철기문화가 출현하는 것이 일반적이다. 우리나라와 만주에서는 서기전 2500~2600년 무렵에 청동기문화가 출현했고 서기전 800년 무렵에는 철기문화로 진입했다. 그러나 왜 열도에서는 야요이문화시대에 청동기문화와 철기문화가 동시에 출현한다.

이것은 우리나라와 왜 열도는 바다로 나누어져 있어서 우리 문화가 왜 열도에 그때그때 전달되지 못했고 어느 한 시기에 그동안 이루어진 문화가 한꺼번에 전달되었기 때문이다. 그 결과 서기전 300년 무렵에 이르러 그동안 우리 민족이 이루어놓은 청동기문화와 철기문화 그리고 벼농사 등이 한꺼번에 전달되는 현상이 일어났던 것이다.

이들 문화가 우리나라에서 전달되었다는 사실은 왜 열도에서 출토되는 야요이문화 초기의 청동기와 철기가 우리나라에서 출토된 것과 동일한 것이라는 점에서 알 수 있다. 이것들은 왜 열도에서 만들어진 것이 아니라 한반도에서 수입해 간 것이었다. 이러한 유물을 일본인들은 박재동기(舶載銅器), 박재철기(舶載鐵器)라 부른다.

야요이문화의 중요한 요소인 고인돌과 고인돌 유적에서 출토되는 석기와 질그릇들도 한국에서 출토된 것과 동일한 것들이었다. 이것들은 왜 열도의 야요이문화는 우리 청동기문화와 철기문화가 전달되어 이루어진 것임을 알게 해준다.

서기전 300년부터 서기 300년까지는 우리 역사에서 고조선 말기부터 고조선이 붕괴되어 형성된 열국시대까지로 정치 상황이 혼란한 시기였다. 따라서 이 시기에 정치적 혼란을 피해 새로운 지역을 개척하고자 하는 사람들이 우리나라에서 왜 열도에 진출했던 것으로 생각된다. 초기의 진출 지역은 왜 열도의 남부 지역인 규슈(九州)였으며 후기로 오면서 점차 북쪽으로 확대되었다. 최근 일본의 연구팀은 야요이문화인들이 우리나라 사람들과 동일한 유전인자를 가지고 있었음을 밝혀냈다.

왜 열도에는 당시까지 국가가 출현하지 않았다. 그러나 우리나라에서는 서기전 2333년에 이미 고조선이 건국되었으므로 우리나라에서 왜 열도로 진출한 사람들은 오랜 기간 국가라는 조직에서 생활했기 때문에 국가에 대한 지식을 가지고 있었다. 이들은 자신들의 정치적 체험을 바탕으로 각 지역에 집단을 이루고 나라를 세웠다. 이렇게 해서 왜 열도 여기저기에 소국들이 출현했다. 이들은 모국의 명칭을 그대로 사용하여 자신들의 나라를 고구려, 백제, 신라, 임나(가야)라 했다.

그 뒤 4세기 무렵에 또다시 우리나라에서 새로운 이주민들이 들어가 고훈문화(古墳文化)를 이루게 되는데 이전에 존재했던 소국들과 새로 이주해 온 집단들이 정치적으로 서로 통합하는 과정을 거쳐 7세기 무렵에 일본이라는 국가가 출현하게 되었다. 따라서 왜 열도에 정치세력이 등장하고 국가가 출현하게 된 것은 우리 민족이 이주한 결과였다고 말할 수 있다.

지금까지 살펴본 바와 같이 고대에 우리 민족은 대외 활동이 매우 활발했다. 그 영역이 동북쪽으로는 연해주와 시베리아에 이르렀고 서북쪽은 북경을 지나 태원에 이르렀으며 서쪽은 황해를 건너 중국의 동부 해안 지역과 남부를 지배했고 남동쪽은 왜 열도에 진출하여 그곳에 우리 분국을 건설했다. 우리 민족은 이 지역들을 정치적으로 지배하면서 동시에 그 지역의 문화를 발전시켰던 것이다. 우리 해양업과 수산업 그리고 국제무역은 이러한 역사적 전통을 가지고 있는 것이다.

· 5 ·

노자와 공자는 어떤 개혁을 꿈꿨을까

동일한 사회 상황도 보는 사람에 따라 달리 평가된다. 그래서 사회문제에 대한 해법도 사람에 따라 달리 제시되고, 역사도 역사가에 따라 달리 서술되는 것이다. 어느 시대 어느 사회에나 다른 가치관과 다른 생각을 가진 사람들이 함께 살고 있다. 그러한 다른 생각들이 투쟁이 아니라 대화를 통해 조화를 이루면서 공존할 수 있는 길을 찾는 지혜가 필요하다.

동아시아의 대표적 사상가인 노자와 공자는 같은 시대를 살면서 서로 다른 생각을 가졌던 인물들이다. 이들은 중국의 춘추시대 말기에 살았다. 공자는 출생과 사망 연대가 분명하지만 노자는 그렇지 않다.

노자 초상화.

아마도 노자가 공자보다 30세 정도 위였을 것이다. 공자는 예(禮)에 대해 묻기 위해 노자를 찾아간 적이 있다. 예는 연장자에게 배워야 한다고 생각했기 때문이다.

공자는 서기전 551년에 출생하여 서기전 479년에 사망했다. 그러므로 노자는 대략 서기전 580년부터 서기전 500년 사이에 살았을 것으로 추정된다. 노자의 사상은 『도덕경(道德經)』에 기록되어 있고 공자의 사상은 『논어』에 수록되어 있다.

이들이 살았던 춘추시대는 서주의 사회 질서 즉, 서주의 예가 붕괴되는 시기였다. 서주의 예는 철저한 신분세습제였다. 당시의 사회 신분은 천자[天子 : 주왕(周王)], 제후(諸侯), 대부(大夫), 사(士), 평민(平民), 서민(庶民) 등으로 나누어져 있었는데 이들 신분은 대대로 세습되었다. 따라서 서주 사람들은 출생과 더불어 신분이 확정되었고 일생 동안 변화가 없었다. 이들 가운데 천자, 제후, 대부, 사 등의 신분은 지배귀족에 속하고 평민은 자경농민이었으며 서민은 귀족들에게 종속된 농민과 수공업자들이었다.

이러한 신분 질서는 종법제(宗法制)에 기초하고 있었고 종교가 뒷받침하고 있었다. 천자부터 평민까지는 혈통을 같이한 사람들이다. 이들은 적장자(嫡長子)가 아버지의 신분을 상속받으며 다른 아들들은 한 등급 아래 신분이 되었다. 예를 들면 천자의 적장자는 천자의 자리를 계승하지만 다른 아들들은 제후가 되고, 제후의 적장자는 제후가 되지만 다른 아들들은 대부가 되는 것이다. 평민까지는 이러한 예법에 따라 신분이 결정되었다. 그러나 서민은 왕실과 혈통 관계가 없는 농민이나 수공업자들로 대대로 서민이었다.

이와 같이 서주는 왕실부터 평민에 이르기까지는 높은 신분이 낮은 신분의 종가로서 혈연 조직의 중심이 되었을 뿐만 아니라 조상에 대한 제사도 받들고 있었다. 그래서 서주 왕실은 천하의 종가였던 것이다. 신분에 따라 옷, 음식, 집, 행실 등은 말할 것도 없고 성년, 혼인, 초상, 제사 등의 의식이 달랐는데 이것을 예라 했다.

천자부터 사까지는 신분에 따라 나라에서 일정한 토지와 서민을 나누어 받았다. 천자는 왕기(王畿)라 불리는 직할지와 그 안에 거주하는 서민을 가지고 있었고 제후는 천자에게서, 대부는 제후에게서, 사는 대부에게서 토지와 서민을 나누어 받았다. 평민은 토지나 서민을 받지 못하고 스스로 땅을 개간하여 생활했다.

그런데 춘추시대에 이르러 이러한 서주의 신분 질서가 무너지고 있었다. 춘추시대는 천자가 실권을 잃고 제후 가운데 강한 인물이 패자(霸者)가 되어 천자를 등에 업고 천하를 호령하던 시대였다. 그러므로 일반적으로 이 시대를 패자시대라고 부른다. 원래 제후들은 서로 동등한 신분이었는데 이 시기에 이르러 패자가 된 제후가 정치·경제적 이권을 차지하고 있었다.

이를 본 다른 제후들도 자신의 나라가 강해지면 패자가 될 수 있겠다는 생각을 하게 되어 제후들 사이에 패권 전쟁이 일어나게 되었다. 그러므로 이 시대는 외형적으로는 서주시대의 신분 질서가 유지되고 있는 것처럼 보였으나 내부적으로는 그것이 무너지고 있었던 것이다. 노자와 공자가 살았던 시기는 이러한 혼란이 계속되던 춘추시대 말기였다.

이러한 상황을 보면서 노자는 종교의 권위에 회의를 품게 되었다. 당시 사람들은 서주 왕은 천자로서 최고신인 하느님[天]의 보우를 받고 있고 서주의 신분 질서도 신의 섭리 아래 이루어진 것으로 믿고 있었다. 그러나 그것이 무너지는 것을 보면서 신의 권능에 회의를 품은 사람들이 나타나게 되었는데 노자는 그 가운데 대표적 인물이었다.

노자는 신의 존재를 인정하지 않았다. 노자는 만물의 근원은 '도(道)'라고 규정했다. 그가 말하는 도는 편의상 붙인 이름일 뿐이며, 이미 도라고 이름 붙은 것은 그가 말하는 도가 아니라고 했다. 그가 말하는 도는 이름이나 형체, 색깔, 무게 등이 없고 움직이지도 않는 아주 원초적인 그 무엇이라고 했다. 도는 보이지 않는 것이기 때문에 무(無)라고 말할 수도 있으며 이것에서 만물이 나오기 때문에 대단히 크다는 뜻에서 대(大)라고 부를 수도 있다고 했다. 도는 하늘이나 땅 또는 상제(上帝)보다 먼저 생겼다고 했으니 이러한 노자의 사상은 만물의 근원을 신(神)으로 보았던 종래의 종교관을 전면 부인한 것으로서 당시로서는 혁명적인 사상이었던 것이다.

사람을 포함한 만물은 신에게서 나온 것이 아니라 '도'라는 자연적인 것에서 나왔다는 것이다. 그는 말하기를 무는 1을 낳고, 1은 2를 낳으며, 2는 3을 낳는데, 3에서 만물이 나온다고 했다. 만물은 무에서 나온다고 했으므로 여기서 무는 완전히 아무것도 없다는 뜻이 아니라 잠재력을 가진 어떤 것을 말한다. 0이라는 숫자와 같은 것이다. 0은 아무것도 없다는 뜻인 것 같지만 0 아래로 -1, -2 등의 숫자가 존재하므로 완전히 아무것도 없는 숫자는 아닌 것이다.

노자는 무에서 직접 만물이 나온다고 말하지 않고 1, 2, 3을 거쳐 만물이 나온다고 했으므로 사물은 삼단계의 발전 과정을 거친다고 보았던 것이다. 3은 신비로운 숫자이다. 1은 하나 그 자체로서 변화할 수가 없다. 2는 둘로 나누어지고 남는 것이 없으니 변화할 여지가 없다. 그러나 3은 둘로 나누어지고 하나가 남으니 새롭게 변화할 수 있는 여지를 가진 숫자이다. 3은 변화가 가능한 첫 번째 숫자인 것이다. 이것을 일찍이 노자는 터득했던 것이다. 3을 신비의 숫자로 터득한 점은 우리 민족이 셋을 가장 성스러운 숫자로 생각했던 것과 서로 통한다.

노자는 일반적으로 대립과 모순으로 보는 2개의 개념을 상호 의존, 상호 보완, 상호 생성의 개념으로 보았다. 미(美) 속에는 추(醜)의 요소가 들어 있으며, 선(善) 속에는 악(惡)의 요소가 들어 있고, 유(有)와 무(無)가 있어야 생겨남이 있으며, 어려운 것과 쉬운 것이 있어야 이루어짐이 있고, 긴 것과 짧은 것이 있어야 구별을 할 수 있으며, 높은 것과 낮은 것이 있어야 기울임이 있고, 음(音)과 성(聲)이 있어야 조화를 이룰 수 있으며, 앞과 뒤가 있어야 따름이 있게 된다고 말했다. 그리고 화(禍)는 복(福) 속에 숨어 있고, 복(福)은 화(禍) 속에 자리하고 있으며, 바른 것은 다시 기이한 것으로 바뀌고, 참된 것은 요사한 것으로 바뀌며, 요사한 것은 다시 참된 것으로 바뀐다고 보았다. 그러므로 노자는 도 이외의 것은 절대적인 것으로 보지 않았다고 말할 수 있다.

노자의 정치사상은 무위(無爲)와 무욕(無欲)이 핵심이다. 무위는 인위적으로 하지 말아야 한다는 것이고, 무욕은 욕심이 없어야 한다는 것이다. 당시의 사회가 혼란한 것은 사람들이 무엇인가 하려고 하고 욕심을 부리기 때문이라고 보았다. 그래서 노자는 일체의 사회 개혁이나 변혁에 회의를 품었다. 사회 발전은 환란을 가져오고 생산의 증대는 탐욕을 불러올 것이며, 탐욕은 투쟁의 근원이 될 것이라고 했다. 문화의 진전은 사람의 지혜를 높여주고 지혜는 투쟁의 도구가 된다고 했다. 그래서 노자는 문자를 포함한 모든 문화나 문명을 버려야 한다고 주장했다.

그 결과 노자는 나라는 작을수록, 백성은 적을수록 좋다고 했다. 다른 나라의 닭 우는 소리와 개 짖는 소리가 들리는 정도가 좋다 했으니 나라의 규모를 오늘날 농촌 마을 정도로 생각했던 것 같다. 나라를 다스리는 데 현명한 사람을 가상하게 여기지 않으며 재화를 귀하게 여기지 않아야 한다고 주장했다. 그래야만 백성들이 경쟁하지 않고 백성들의 마음을 어지럽지 않게 할 수 있다는 것이다. 그러므로 나라를 잘 다스리려면 백성을 현명하게 하는 것이 아니라, 어리석게 해야 한다고 주장했다.

이상과 같은 노자의 주장은 인류가 일반적으로 추구해온 것과는 반대가 된다. 사람들은 좀 더 많은 것, 좀 더 큰 것을 추구하고 있기 때문이다. 노자는 오늘날 존재하는 국가체제와 같은 것을 부인하고 있다고도 볼 수 있다. 노자의 사상은 더 많은 것, 더 큰 것이 과연 인류에게 행복을 가져다줄 것인지 깊이 생각해보게 하는 것이다.

그러나 공자는 노자와 생각이 달랐다. 당시 사회가 혼란한 것은 서주의 질서를 지키지 않기 때문이라고 생각했다. 그는 서주의 신분 질서는 인류가 만들어낸 제도 가운데 가장 이상적인 것으로서 그것을 따르는 것이 사회를 안정시키는 길이라고 생각했다. 그래서 그는 예를 중시했는데 그가 주장한 예는 바로 서주의 신분 질서를 말하는 것이다.

그는 예를 따르기 위해서는 '인(仁)'을 지켜야 한다고 주장했다. 예를 외형적인 것이라고 한다면 인은 내면적인 것이라고 했다. 인(仁)은 인(忍)과 통하는 것으로서 참는 것, 자신을 억제하는 것이다. 서주의 예는, 높은 신분은 권력이 크고 의무는 적으며 낮은 신분은 권력은 적고 의무는 많은 것을 기본으로 하고 있다. 이러한 예

공자 초상화.

를 지키기 위해서는 낮은 신분일수록 자신을 억제하고 참는 마음이 강해야 하는 것이다. 따라서 예를 실천하기 위해 인을 강조했던 것이다. 이러한 공자의 사상은 '극기복례(克己復禮)'로 요약되는데 자신을 억제하고 예를 따라야 한다는 것이다.

이와 같이 공자는 서주의 질서로 돌아가도록 하는 것이 목표였기 때문에 말하기를 "정치가 주왕(周王 : 천자)에서 나오면 영원할 것이지만 제후에서 나오면 10대를 가지 못할 것이요, 대부에서 나오면 5대를 가지 못할 것이며, 가신(家臣)에서 나오면 3대를 넘기지 못할 것이다."고 했다. 공자시대에 국가의 권력은 패자인 제후에게 있었고 제후국에 따라서는 실권이 대부의 수중에 있었는데 이를 우려한 것이었다. 그는 국가의 권력은 마땅히 서주의 왕에게 돌아가야 한다고 생각했던 것이다.

그는 이러한 그의 뜻을 실현하기 위해 제후국을 두루 방문하고 그의 주장을 폈지만 그것을 받아들이는 나라는 없었다. 당시에 대부분의 제후국은 신흥세력인 대부들이 실권을 장악하고 있었는데 공자의 주장을 받아들이면 그들은 권력을 제후에게 내주고 원위치로 돌아가야 했다. 따라서 공자의 주장을 받아들일 수 없었던 것이다.

공자는 그의 주장이 받아들여지지 않자, 제자들을 가르치는 데 주력했는데 그것은 그의 뜻을 제자들을 통해서라도 이루고자 해서였다. 그는 공부를 하는 것은 벼슬을 하기 위한 것이라는 점을 강조하고 벼슬을 하는 것은 농사짓는 것보다 훨씬 좋은 길임을 역설했다. 그래서 그는 제자들에게 '너는 정승감'이라는 등 벼슬을 들어 칭찬했다. 이와 같이 공자는 정치에 관심이 많은 인물이었으며 복고주의자, 수구주의자였다.

공자는 50대에 이르러 그가 태어난 노(魯)나라에서 잠시 사구(司寇)라는 벼슬을 맡은 일이 있지만 일생을 주로 교육에 바쳤는데 이것은 중국 역사에서 처음으로 시작된 사학(私學)이었다. 이전의 교육은 관부에서 귀족들이나 받던 것이었는데 공자는 신분을 가리지 않고 제자들을 받아들임으로써 그를 통해 귀족 문화가 평민과 서민에까지 확산되었다. 이러한 점은 중국 교육사에서 주목할 만한 점이다.

공자는 제자들을 교육하기 위해 교재를 만들었는데 노나라 역사인 『춘추(春秋)』는 그가 저술한 것이고 『시(詩)』, 『서(書)』, 『역(易)』,

『예(禮)』, 『악(樂)』은 그가 정리한 중국의 고전들이다. 이러한 고전들을 통해 오늘날 우리는 중국의 고대 역사와 문화를 알 수 있는데 이 점도 공자가 크게 이바지한 것 가운데 하나이다.

노자는 신이 만물의 근원이며 인간 만사와 자연 질서를 다스린다고 믿었던 고대인들의 관념을 일체 부인하고 자연의 질서에 따라 생활할 것을 주장했다. 그러한 노자의 사상은 매우 혁명적인 것으로서 기득권자들에게는 그들의 기득권 일체를 포기할 것을 요구한 것이었고, 일반 서민들에게는 기존의 질서를 버릴 용기를 요구한 것이었다. 그의 이상은 너무 높고 큰 것이어서 오늘날까지도 실천되지 못하고 있다. 노자의 사상은 너무 깊고 커서 영원히 이루어지지 않을지도 모르겠다. 사회 질서의 근본적인 변화는 실로 오랜 세월을 필요로 한다는 사실을 역사는 말해주고 있는 것이다.

반면에 공자는 기존의 질서가 유지되어야 한다고 주장함으로써 기득권자들에게 그들의 체제를 유지할 수 있는 이론을 제공해주었고, 안정을 추구하는 서민들에게는 그들이 안주할 수 있는 사회체제에 대한 이론을 제공했다. 그 결과 훗날 황제권의 안정을 추구하던 서한의 무제가 유가(儒家) 논리를 지도이념으로 채택한 뒤 동아시아 세계에서 정치와 학문의 지도이념으로 자리를 잡을 수 있었다.

노자와 공자의 사상 차이는 성장 환경의 차이에서 온 것일 수 있다. 노자는 초(楚)나라 출신인데 초나라는 장강과 회하 지역에 위치하여 경제와 문화가 황하 유역과 비교해볼 때 낙후되어 있었고 자연마을의 농촌 구조가 존속되고 있었다. 공자는 몰락한 귀족의 후예로 노나라 출신인데, 노나라는 서주의 예를 제정했다고 전해오는 주공 단(周公 旦)이 봉해진 나라로서 노나라 사람들은 서주의 예 문화에 긍지를 가지고 있었다. 이러한 환경 차이가 그들의 사상 형성에 영향을 미쳤을 가능성이 있는 것이다.

·6·

『사기』는 우리에게 어떤 교훈을 주나

『사기』는 사마천이 저술한 중국의 대표적인 역사서다. 수많은 역사 사실 가운데 어떤 것을 선택하여 역사책을 엮느냐 하는 것은 책을 저술한 역사가의 의식에 달려 있다. 그러므로 역사서를 바르게 이해하려면 그 책을 쓴 역사가를 먼저 알아야 한다는 말이 있다. 역사가의 의식은 당시 그가 속한 사회 환경의 영향을 받게 되므로 책이 저술될 당시의 상황도 알 필요가 있다.

사마천이 살았던 시대는 서한 무제 때였다. 중국은 진시황제(秦始皇帝) 때 처음으로 통일되었는데 진제국은 겨우 15년 만에 멸망하고 서한제국이 건국되었다. 진제국이 멸망하고 서한제국이 서기까지 진제국 말기에 진승(陳勝)과 오광(吳廣)이 이끈 봉기가 있었고 그 뒤를 이어 유방(劉邦)과 항우(項羽)의 권력쟁탈전이 있었다. 이 과정에서 경제는 피폐해지고 사회는 혼란해졌다. 그래서 서한 초기에는 사회를 안정시키고 경제를 부흥시키는 데 힘썼다. 이러한 과정을 거쳐 서한의 국력은 크게 신장했다.

무제는 이런 좋은 여건에서 황제로 즉위했다. 중국이 통일된 이후 이때에 이르러서야 명실공히 통일제국의 면모를 갖추고 그것을 구가할 수 있게 되었던 것이다. 서한제국은 이러한 분위기 속에서 통일된 제국의 권위를 유지할 수 있는 이론을 필요로 하게 되었고 통일제국의 출현을 합리화하고 그것을 역사적으로 설명하려는 노력이 있게 되었다. 통일제국의 권위를 유지할 수 있는 이론을 제공한 사람은 동중서(董仲舒)였고 통일제국의 출현을 역사적으로 설명한 사람은 사마천이었다.

동중서는 무제에게 유가의 학설을 정치와 학문의 지도이념으로 삼도록 건의했는데 무제는 이를 받아들여 유학자만이 벼슬을 할 수 있도록 했다. '유가학설(儒家學說)'은 전국(戰國)시대에는 세습귀족제를 옹호했던 수구세력들의 지지를 받으면서 개혁을 지향하는 신흥세력들의 '법가학설(法家學說)'과 대립했다. 그러나 진제국에서는 시황제가 법가 정치를 단행하면서 유가는 약화되었다.

유가의 이론은 전제황권을 추구하던 무제의 마음을 흡족하게 했다. 동중서는 하늘에 신성성을 부여하고 황제는 지상의 사람들을 대표하여 하느님과 만나고 하느님을 대리하여 백성을 지배하는 높은 존재라는 논리를 폈다. 그리고 인간사회의 현상을 자연현상에 비유하여 지배와 복종의 관계는 자연적인 질서이므로 이를 따라야 한다고 설명했다. 흔히 삼강(三綱)이라 일컬어지는 군위신강(君爲臣綱)·부위자강(父爲子綱)·부위부강(夫爲婦綱)은 동중서의 사상을 압축한 것이다.

이러한 분위기 속에서 사마천은 『사기』를 저술했다. 통일제국이 자리를 잡아가는 상황에서 원래는 사마천의 아버지 사마담(司馬談)이 태고부터 당시까지의 통사를 편찬할 계획을 가지고 있었다. 그러나 사마담이 그 뜻을 이루지 못하고 사망하자 사마천이 아버지의 유지를 받들어 『사기』를 편찬했던 것이다.

사마담은 태사령(太司令)이라는 벼슬에 있었다. 태사령은 역사와 전적·천문·지리 등을 관장하는 벼슬 가운데 가장 높은 자리였다. 태사령에게는 국가에서 일어난 모든 일은 말할 것도 없고, 황제의 말과 행동 일체를 사실 그대로 기록하는 것도 중요한 임무 가운데 하나였다. 당시 서한 무제는 봉선(封禪)을 지내기 위해 태산(泰山)에 가게 되었다. 봉선이란 황제가 하느님에게 제사를 지내고 하느님한테서 천하를 지배하도록 명을 받는 의식이다.

무제의 봉선은 서한제국이 선 뒤 처음으로 행하는 것이었다. 그러므로 매우 중요한 의미가 있었고 태사령인 사마담은 그것을 본대로 기록으로 남길 의무가 있었다. 그런데 무제는 어찌 된 일인지 사마담을 주남(周南)-오늘날 하남성 낙양시(洛陽市)-에 머물게 하고 태산의 봉선의식 장소에 데려가지 않았다. 아마도 그 의식에 하느님이 직접 나타날 리 없으니 그러한 상황을 사마담이 사실 그대로 기록하는 것을 무제는 꺼렸는지도 모른다.

사마담은 이 중요한 의식을 직접 보고 그 상황을 사실대로 기록해야 할 의무가 자신에게 있다고 생각했는데, 자신이 그 장소에 가지 못한다는 것은 태사령으로서의 책임을 다하지 못하는 것이라는 죄책감을 갖게 되었다. 그는 이 때문에 화병으로 사망했다. 자신의 사명을 다하지 못한 책임감으로 사망한 사마담이 우리에게 주는 교훈을 깊이 새겨야 할 것이다.

이때 사마천은 낭중(郎中)이라는 벼슬에 있었는데 출장에서 돌아오는 길에 아버지를 만날 수 있었다. 사망하기 전 사마담은 아들 사마천에게 자신들은 사관(史官) 가문의 후손임을 상기시키고 자신이 통사를 저술하지 못하고 죽음에 이른 것을 안타까워했다. 그리고 사마천에게 반드시 태사령이 되어 아버지의 뜻을 이루어줄 것을 당부했다. 이러한 아버지의 유언에 따라 사마천은 통사를 편찬할 계획을 세우게 되었다.

사마천의 『사기』 편찬은 아버지의 유지를 받들어 시작되었지만 그 내용에는 사마천의 인생 역정에서 얻은 가치관이 깊이 자리하고 있다. 사마천은 태사령인 아버지 밑에서 어려서부터 사관이 되기 위한 교육을 받았다. 고문(古文)을 익히는 한편, 각 지역을 여행하면서 유적을 살펴보고 전설을 모았다. 당시 관직은 세습되는 것이 아니었지만 교육이 오늘날처럼 일반화되지 않았기 때문에 사관과 같은 전문 지식을 필요로 하는 관직은 대개 부모에게 교육을 받은 후손이 맡는 경우가 많았다. 사마천은 아버지가 사망한 지 3년이 지나 태사령에 올랐다.

그가 태사령으로 있을 때 예상하지 못했던 사건이 일어났다. 그것은 이릉(李陵) 장군이 흉노에 투항한 사건이었다. 당시에 무제는 흉노 정벌에 힘을 기울이고 있었다. 이릉 장군은 5,000명의 기병을 이끌고 흉노를 치러 갔다가 8만 명의 흉노 군대에 포위되어 부하들은 전멸했고 그 자신은 흉노에 투항했던 것이다. 무제는 서한의 장군이 흉노에 항복했다는 것은 치욕이라고 생각했다. 그래서 그의 죄를 논하는 회의를 열었다.

당시 흉노 정벌군의 사령관은 이광리(李廣利) 장군이었는데 그는 무제가 사랑하는 후궁 이희(李姬)의 오라비였다. 만약 이릉 장군에게 잘못이 없다면 그 책임이 이광리 장군에게 돌아갈 가능성이 높았다. 그래서 대신들은 이릉 장군을 변호할 엄두를 내지 못했다. 만약 이릉 장군을 변호하면, 그것을 이광리 장군에게 책임을 묻자는 것으로 무제가 오해할 가능성이 있고, 그렇게 되면 무제의 노여움을 살 것이 분명하기 때문이었다.

그러나 사마천은 역사가로서 옳은 말은 반드시 해야 한다고 생각했고, 결국 이릉 장군을 변호했다. 그는 이릉 장군의 군사는 겨우 5,000명이었고 흉노의 군대는 8만 명이니 중과부적으로서 어쩔 수 없는 상황이었다는 점을 들어 이릉 장군을 변호했다. 그러자 무제는 예상했던 대로 크게 노했다. 그리고 서한의 명예를 추락시킨 죄인을 옹호했다는 죄목으로 사마천을 부형(腐刑)-궁형(宮刑)이라고도 한다-에 처했다. 부형은 고환을 도려내어 남자 구실을 못하도록 하는 형벌로서 참을 수 없이 치욕스러운 것이었다. 그러므로 부형을 받으면 대개 스스로 목숨을 끊었다.

그러나 사마천은 목숨을 끊지 않았다. 그가 부끄러움을 무릅쓰고 살아남은 것은 목숨이 아까워서가 아니었다. 그가 해야 할 더

사마천 초상화.

큰 일이 있다고 생각했기 때문이었다. 그는 친구 임안(任安)에게 보낸 편지에 자신이 치욕을 참고 살아남은 것은 목숨이 아까워서가 아니라 이대로 죽어버린다면 자신의 저술이 후세에 전해지지 않을 것을 염려해서라고 말했다. 자신이 후세에 남기려고 했던 역사서를 저술할 수 없게 될 것이기 때문이라는 것이다. 사마천은 역사서를 쓰기 위해 치욕을 견디면서 살아남았던 것이다.

사마천은 부형을 당하고 감옥에서 형기를 마친 뒤 오래지 않아 중서령[中書令 : 중서알자령(中書謁者令)]이라는 벼슬에 제수되었다. 중서령은 황제 비서실장에 해당하는 관직으로서 황제의 총애를 받는 자리였다. 부형이라는 치욕적인 형벌을 받았던 사마천이 이렇게 높은 자리에 오를 수 있었던 것은 그가 학식이 높으면서 남자 구실을 못했기 때문이었다.

중서령은 자주 내전에 들어가 황제를 만나 모든 일을 결재받아야 했다. 그런데 내전에는 아름다운 후궁과 궁인들이 많았다. 그러므로 건강한 남자가 내전에 출입한다는 것은 황제로서는 불안

한 일이었다. 사마천은 학식은 높으면서 남자 구실을 못하기 때문에 안성맞춤이었던 것이다.

사마천은 이릉 장군의 사건에서는 바른말을 하다가 치욕스러운 부형에 처해졌고 부형을 받은 덕분에 중서령이라는 높은 벼슬에 오를 수 있었던 것이다. 사마천에게는 참으로 가슴 아픈 일, 모순된 일이 아닐 수 없었다. 당시의 통치 이론에 따르면 황제는 천자로서 하느님의 뜻을 실천하는 존재였다. 황제는 천도(天道)를 행한다고 믿었고 천도는 바로 정의라고 생각했다.

그런데 천도를 행한다는 황제가 사마천이 바른말을 할 때는 부형을 내렸고 부형으로 병신이 된 뒤에는 중서령이라는 높은 벼슬을 주었다. 이것이 천도이고 정의인가? 사마천으로서는 반문하지 않을 수 없었다. 그래서 사마천은 역사를 통해 과연 황제는 천도를 행하는가, 그리고 천도는 정의인가 등을 확인하고 싶었던 것이다. 『사기』는 천도와 정의에 대한 질문서이면서 동시에 답변서인 것이다.

『사기』에는 크게 2가지 의미가 담겨 있다. 하나는 중국의 통일사상이고 다른 하나는 천도에 대한 질문과 답변이다. 이러한 사마천의 생각은 『사기』의 체제와 내용에 잘 나타나 있다. 사기의 체제는 「본기」·「세가」·「열전」·「서」·「표」로 되어 있다. 이 가운데 「본기」와 「세가」, 「열전」이 기본 골격을 이루고 「서」와 「표」는 이를 보완한다.

「본기」는 역대 최고 통치자에 관한 기록이고, 「세가」는 제후들에 관한 기록이며, 「열전」은 역사에 발자취를 남긴 개인이나 집단에 관한 기록이다. 「서」는 문물제도 변천에 관한 기록이며 「표」는 연표이다. 사마천은 인간사회의 구조를 북극성과 그 주위를 돌고 있는 별들, 수레바퀴의 속바퀴와 그것에 집중되어 있는 바퀴살과 같은 것으로 보아 「본기」, 「세가」, 「열전」을 기본 골격으로 삼았고, 시대의 흐름에 따른 문물제도의 변천을 알기 위해 「서」를 만들었으며, 연대를 알기 위해 「표」를 만들었던 것이다.

이러한 『사기』의 체제는 사마천이 처음으로 개발한 독창적인 것이었다. 그리고 그것은 그 뒤 중국 정사(正史)의 기본 틀이 되었다. 사마천은 근거가 부족하다고 생각되는 것은 싣지 않았다. 당시에 삼황(三皇)의 전설이 있었지만 그는 이를 싣지 않고 오제(황제, 제전욱, 제곡, 제요, 제순)시대부터 그가 살았던 서한 무제시대까지의 역사를 서술했다. 중국이 통일되어 진제국이 건국되기 전까지는 중국에 많은 나라들이 있었지만 사마천은 오제, 하, 상, 주, 진 등 황하 중류 유역에서 계승 관계에 있었던 나라들만을 본기에 싣고 그들의 통치자를 중심으로 역사를 서술했다. 이렇게 함으로써 중국 안에 살고 있었던 다양한 종족과 여러 신분의 사람들에게 황하 중류 유역 중심의 통일의식을 심어주었던 것이다.

중국은 역사상 잠시 분열된 시기도 있었지만 결국 통일국가를 이루어냈으며 오늘날 한족 외에 55개 민족이 살고 있으면서도 분열되지 않고 하나의 국가를 이루고 있다. 여기에는 사마천이 『사기』를 통해 심어준 통일의식이 크게 작용하고 있다고 말할 수 있다. 중국의 면적은 약 960만 제곱킬로미터로 유럽 전체와 비슷하다. 같은 면적의 유럽에는 수십 개의 국가가 있는데 중국은 하나의 국가로 유지되고 있는 것이다.

사마천은 오늘의 통일된 중국이 유지되도록 만든 가장 큰 공로자인 것이다. 황하 중류 유역을 고대 동아시아의 문화 중심지로, 동아시아에서 문화가 가장 앞섰던 지역으로 인식하고 있는 것도 사마천이 심은 황하 중심의 역사의식이 작용한 결과라고 말할 수 있다.

또한 사마천은 다양한 신분과 직업을 가진 사람들의 행동과 말에서 천도가 무엇인지, 정의가 무엇인지를 묻고 있다. 제후들에 관한 기록인 「세가」에는 제후가 아니면서도 그곳에 실린 인물들이 두 사람 있다. 공자와 진섭(陳涉)-섭(涉)은 자이고 이름은 승(勝)이다-이 그들이다. 이들은 제후가 아니었지만 제후만큼 역사상 크게 영향을 끼쳤다고 사마천은 보았던 것이다. 당시 무제는 유가를 지도이념으로 채택했으므로 공자를 그렇게 본 것은 이해할 수 있지만 진섭의 경우는 다르다. 그는 진제국 말기에 봉기를 일으켰던 인물이다. 그러므로 통치자에 반항했던 반란의 괴수로 인식되었을 것이다. 그러한 인물을 「진섭세가(陳涉世家)」로 싣고 있는 것이다.

그리고 그가 봉기하면서 "왕이나 제후, 장군, 재상의 핏줄이 따로 있느냐."고 외쳤다고 기록하고 있다. 혈통에 따른 사회 신분을 완전히 부인한 발언인 것이다. 사마천은 반란의 괴수라도 그가 역사에서 일정한 역할을 했으면 그에 상응하는 위치에 올려놓았던 것이다. 그리고 그는 진섭의 일을 빌어 신분세습제의 부당함을 말하고 있는 것이다.

열전의 첫머리를 장식하는 「백이열전(伯夷列傳)」에서 사마천은 다음과 같이 말하고 있다.

"어떤 사람은 천도는 공평무사해서 항상 착한 사람을 돕는다고 말하지만 백이(伯夷)와 숙제(叔齊)는 착한 사람들로서 인덕(仁德)을 쌓고 행실이 깨끗했지만 굶어 죽었다. 공자는 그의 제자들 가운데 학문을 좋아하는 사람으로 안연(顏淵)을 꼽았지만, 그는 항상 가난해서 술지게미와 쌀겨 같은 거친 음식도 배불리 먹지 못하여 요절했다. 하늘이 착한 사람을 도와준다면 어찌 이럴 수가 있겠는가? 행동이 정도를 벗어나고 오로지 사람들이 꺼리는 일만 하면서도 안일향락하고 부귀함이 여러 대에 걸치는 사람이 있는가 하면 공명정대한 일이 아니면 하지 않는 사람으로서 재앙과 화를 당하는 사람들이 수없이 많다. 만약 이런 것을 천도라 한다면 그 천도는 과연 맞는 것인가, 틀린 것인가?"

「영행열전(佞幸列傳)」에서 사마천은 속담에 이르기를 힘써 농사짓는 것이 절로 풍년을 만나는 것만 못하고, 착하게 벼슬을 사는 것이 임금에게 잘 보이는 것만 못하다고 했는데 이것은 참으로 빈말이 아니며 여자만이 미색과 교태로써 잘 보이는 것이 아니라 벼슬길에도 그런 일이 있는 것이라고 말하고는 아첨으로 황제의 총애를 받았던 인물들을 싣고 있다. 예를 들면, 등통(鄧通) 같은 인물은 황제가 종기를 앓을 때 입으로 고름을 빨아낼 정도로 성의를 다함으로써 황제의 총애를 받았다는 것이다.

그리고 「일자열전(日者列傳)」에는 점을 치며 선량하게 살아가는 점쟁이 사마계주(司馬季主)를 등장시켜 그가 다음과 같은 말을 했다고 싣고 있다.

"지금 이른바 어질다고 하는 사람들은 모두 부끄러워해야 할 사람들이다. 그들은 이익을 미끼로 서로 유도하고 도당을 만들어서 올바른 사람을 배척하여 영예를 추구하고 나라의 봉록을 받으면서도 사사로운 이익만을 추구하여 법을 왜곡해서 농민들에게 무거운 세금을 거두어들인다. 또 관직을 위세를 부리는 수단으로 삼고 법을 사람을 해치는 도구로 이용하여 이익을 찾아 포악한 짓을 한다. 이들은 칼을 빼들고 사람을 위협하는 강도와 무엇이 다르겠는가?"

사마천은 열전에 다양한 신분과 직업의 사람들을 실어 이들이 역사의 일익을 담당했음을 말하고 그들의 행동과 말을 통해 천도와 정의가 무엇인지를 묻고 있는 것이다. 위에 예로 든 것은 그 가운데 몇 개에 지나지 않는다.

민족 통일의 과업을 눈앞에 두고 있는 우리는 사마천의 『사기』가 보여주는 역사적 교훈을 타산지석(他山之石)으로 삼아 역사의식과 통일의식을 강화하고 정의로운 사회를 만들도록 힘써야 할 것이다.

·7·

「백이열전」은 무엇을 말해주고 있는가

「백이열전」은 『사기』의 열전 가운데 맨 앞을 장식하고 있다. 사마천은 그만큼 「백이열전」의 내용을 중요하게 생각했다고 볼 수 있다. 사마천은 "정의롭게 행동하고 기개가 있어 남에게 억눌리지 않으며 세상에 처하여 기회를 놓치지 않고 공명을 천하에 세운 사람들의 일들을 내용으로 70열전을 지었다."고 했다. 그 가운데 「백이열전」이 맨 앞자리를 차지하고 있는 것이다.

「백이열전」은 고죽국의 왕자인 백이와 숙제에 관한 이야기이다. 고죽국은 고조선시대에 북경 근처에 있는 오늘날 난하(灤河) 동부 유역에 자리 잡고 있었다. 고조선과 중국의 국경은 난하로 이루어져 있었으므로 고죽국은 고조선 영토의 서부 변경에 있었던 것이다. 고죽국은 고조선의 거수국, 즉 고조선의 지방 정권이었다고 보아야 할 것이다.

고죽국의 왕자인 백이와 숙제에 관한 이야기가 중국 역사서인 『사기』에 실려 있기 때문에 일반적으로 고죽국을 중국의 역사에 포함해 생각한다. 그러나 사마천은 「백이열전」에서 고죽국은 전혀 언급하지 않고 그 왕자인 백이와 숙제 이야기만을 싣고 있다.

고죽국은 비록 중국의 통치 아래 있지 않았지만 고죽국의 왕자인 백이와 숙제는 중국의 통치질서에 포함되어 있는 서주를 방문하여 그곳에서 일생을 마쳤기 때문에 고죽국의 「세가」나 「열전」은 만들지 않은 데 반해 「백이열전」을 만들어 고죽국의 왕자들인 백이와 숙제에 관한 이야기만을 싣고 있는 것이다. 사마천은 자신이 만든 『사기』의 편찬 기준에 매우 충실했던 것이다.

백이는 고죽국 왕의 큰아들이었고 숙제는 셋째 아들이었다. 고죽국의 왕은 그의 뒤를 숙제가 잇기를 바랐다. 아버지가 사망한 뒤 숙제는 왕위를 형인 백이에게 양보하려 했다. 그러자 백이는 아버지의 뜻에 따라야 한다면서 이를 받아들이지 않고 숙제의 처지를 편하게 해주기 위해 집을 떠났다. 동생 숙제는 자신이 집에 머무르고 있으면 형이 왕위에 오르는 데 불편하리라 생각하고 이를 피해 집을 떠났다. 이렇게 되자 고죽국의 사람들은 둘째 왕자를 왕으로 옹립했다.

집을 떠난 백이와 숙제는 서로 만나게 되었다. 이왕 집을 떠났으니 서쪽 주족(周族)의 서백 창(西伯 昌)-당시 주족은 상나라의 제후국이었다-이 노인들을 공경하고 도덕적인 정치를 한다니 그곳

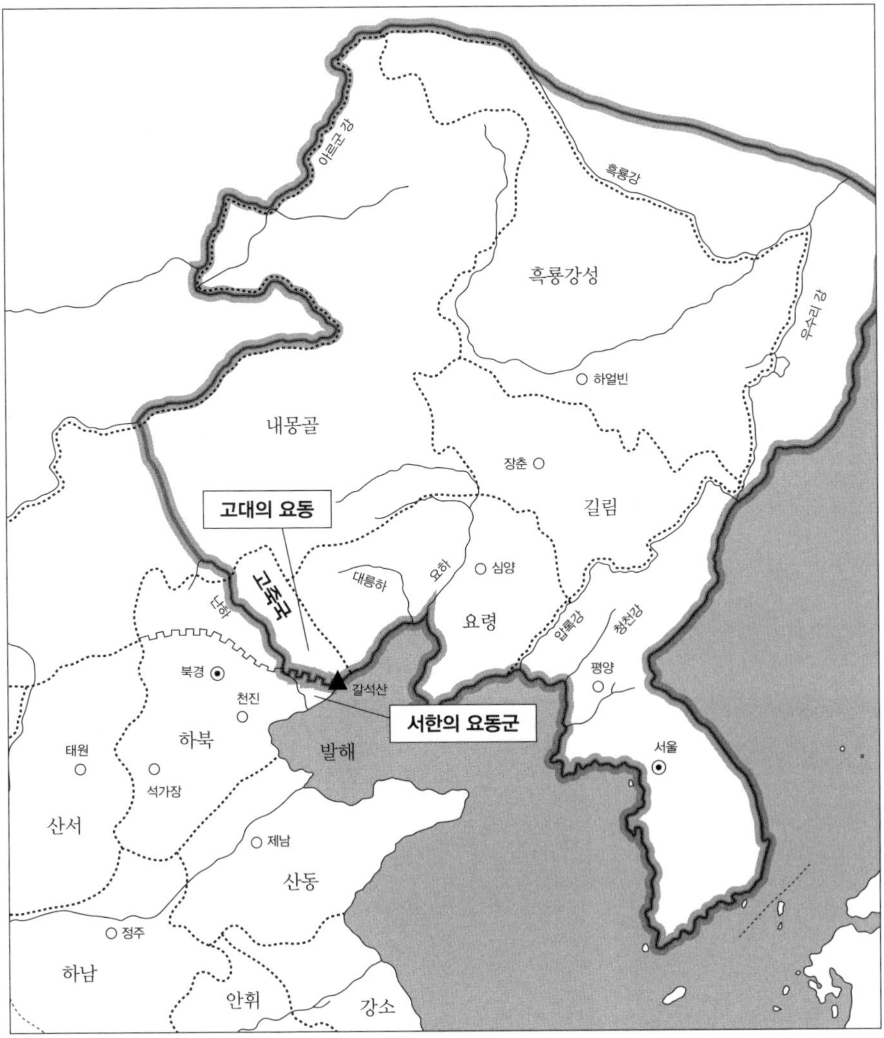

고조선의 강역과 고죽국 위치도. 고죽국은 고조선의 서쪽 변경 오늘날 난하 동부 유역, 즉 고조선과 중국의 국경 지역에 있었던 고조선의 거수국이었다.

을 찾아가 의지하자고 했다. 그런데 두 사람이 그곳에 도착했을 때에는 서백은 이미 사망했고 그의 아들 발(發)-후에 주나라를 건국하여 무왕(武王)이 되었다-이 아버지를 문왕(文王)으로 추존한 뒤 그의 위패를 수레에 싣고 동쪽으로 상나라 주왕을 치기 위해 출발하려 하고 있었다.

이를 본 백이와 숙제는 말고삐를 붙잡고 전쟁을 말렸다. 아버지가 돌아가셨는데 장례는 치르지 않고 전쟁을 하는 것은 불효이고 신하 된 자로서 군주를 시해하려 하는 것은 어질다고 할 수 없다면서 상나라를 치는 것을 극구 말렸다. 그러자 발의 주위에 있던 시위자들이 백이와 숙제를 무엄한 자라며 죽이려 했다. 이때 태공망(太公 望)이 백이와 숙제를 보호하여 살려 보냈다.

그 뒤 발은 상나라의 주왕을 쳐서 멸하고 서주(西周)를 건국하여 무왕이 되었고 천하는 서주 왕실의 것이 되었다. 이렇게 되어 천하는 서주 왕실을 종주(宗主)로 섬겼지만 백이와 숙제는 지조를 굽히지 않고 서주의 백성이 된 것을 치욕으로 여기면서 서주에서 생산되는 양식은 한 톨도 먹지 않겠다는 생각으로 수양산에 들어가 고비[薇]만을 먹다가 굶어 죽었다.

사마천이 백이와 숙제를 열전의 첫머리에 실은 것은 이들이 어질고 착함이 으뜸이라고 생각했기 때문이었을 것이다. 사마천은 백이와 숙제에 얽힌 이야기를 소개하면서 "어떤 사람은 천도는 공평무사해서 항상 착한 사람을 돕는다고 했는데 백이와 숙제는 착한 사람인데도 굶어 죽었다."며 그들의 죽음을 안타까워했다.

그리고 천도는 과연 있는 것인지 없는 것인지, 천도는 맞는 것인지 틀린 것인지라고 하면서 역사와 운명 앞에서 나약한 인간의 존재가 무엇인지 근원적인 질문을 던지고 있다. 사마천은 어질고 착한 백이와 숙제의 인품을 소개하기 위한 목적으로만 「백이열전」을 쓴 것은 아니었다. 이들을 내세워 천도에 대해 질문하면서 스스로 그 답변을 찾고 있는 것이다.

「백이열전」에서 또 하나 지나쳐서는 안 될 중요한 내용이 있다. 그것은 무왕에 관한 것이다. 다 아는 바와 같이 서주 문왕과 무왕 그리고 주공 단은 공자가 가장 존경했던 인물들이다. 공자는 서주의 예법, 곧 종법제에 바탕을 둔 신분세습제를 역사상 가장 잘 만들어진 사회제도라고 믿었다. 서주의 예법이 무너지고 있었던 춘추 말기에 활동했던 그는 서주의 예법이 지켜지지 않기 때문에 당시 사회가 혼란하다고 생각하고 그것을 복원하고자 노력했다.

그러한 공자가 가장 존경했던 인물은 서주의 예법을 만들었다는 주공 단과 그러한 예법이 살아 있는 나라를 세우도록 정치적·사회적 기초를 닦은 문왕 그리고 그러한 나라를 세운 무왕이었다. 공자의 존경을 받은 이들은 당연히 유가들의 존경을 받았다. 그러한 무왕의 상나라 침공을 비판한다는 것은 당시로서는 용납될 수 없었다. 사마천은 가장 어질고 착한 지성인인 백이와 숙제를 내세워 그들의 인품을 말하면서 동시에 그들의 입을 빌어 무왕의 상나라 침공이 결코 옳은 길만은 아니었음을 간접적으로 말하고 있는 것이다.

일반적으로 유가들은 상나라 마지막 왕인 주왕과 서주를 건국한 무왕을 놓고, 주왕은 음탕한 폭군으로 그린 반면 무왕은 그러한 폭군을 응징하고 덕치를 베푼 인물로 대비시킨다. 중국의 역사서에는 대개 이러한 구도로 이 두 왕에 대해 서술되어 있는데 이는 유가의 가치관이 작용한 것이다. 그러나 사마천은 역사가로서 정직하게 이 사건에 대해 말할 필요가 있었을 것이다.

그렇지만 유가를 지도이념으로 채택한 당시 사회 환경에서 그것을 사마천이 직접 말하는 것은 용납되기 어려웠을 것이다. 그래서 백이와 숙제라는 양심적 인물을 내세워 서주 무왕의 상나라 침공이 당시 모든 사람의 지지를 받았던 것은 결코 아니며, 이를 반대한 사람들도 있었다는 사실을 후세에 전하고 싶었던 것이다.

역사서를 읽을 때는 문자와 문자 사이, 문장과 문장 사이의 행간에 담겨 있는 뜻을 읽을 수 있어야 한다는 말이 있다. 역사가가 다른 사람의 입을 빌어 전하고자 했던 것이 무엇이었는지를 읽어내는 안목도 중요하다 할 것이다.

V

우리는 누구인가

· 1 ·

동아시아에서 맨 먼저 나라를 세우다

우리는 먼저 우리 자신을 정확하게 알 필요가 있다. 우리 민족의 능력이나 본성을 확인할 필요가 있는 것이다. 그러기 위해서는 외래문화가 들어오기 이전 고대의 역사를 먼저 살펴보아야 한다. 그 시대 우리 민족과 이웃 민족의 문화 수준 및 문화 성격의 차이를 확인해야 한다. 그래야만 다른 민족과 비교하여 우리 민족의 능력이 어느 정도인지, 민족성은 어떤 차이를 가지고 있는지를 알 수 있을 것이다.

우리 학계에는 외래문화가 들어오기 이전인 고조선시대와 열국시대(列國時代)를 연구하는 학자가 매우 적다. 『삼국사기』에 따르면 불교가 고구려에서 공인된 것은 372년으로 열국시대 말기에 해당

고조선의 비파형 동검. 만주의 요령성 와룡천 무덤 출토 비파형동검(왼쪽)과 한반도의 상주, 송국리, 적량동 출토 비파형동검(오른쪽).

한다. 그 뒤 불교는 백제와 신라에도 전파되었고 왕실과 지배층의 문화로 자리 잡게 되었다. 그러므로 그 이후의 사국시대나 남북국시대는 이미 외래문화가 자리를 잡은 시대인 것이다.

그렇기 때문에 우리 민족의 능력이나 본성을 알기 위해서는 비교적 순수하게 우리 문화를 가지고 살았던 고조선시대의 문화 내용과 그 수준을 이웃 중국·일본과 비교해볼 필요가 있다. 당시 우리 민족은 매우 유능했다. 우리 민족은 동아시아에서는 가장 먼저 금속을 발명하여 사용했다.

인류가 처음 사용한 금속은 청동인데 지금까지의 고고학적 발굴 결과에 따르면 우리 민족은 서기전 2500~2600년 무렵에 이미 청동을 사용했던 것으로 보인다. 중국의 황하 유역에서는 서기전 2200년 무렵에, 시베리아 지역에서는 서기전 1700년 무렵에, 왜 열도에서는 서기전 300년 무렵에 청동기문화가 시작되었다. 그러므로 우리 민족은 중국인들보다 300여 년 전에, 시베리아인들보다 800여 년 전에, 일본인들보다는 무려 2,200여 년 전에 청동기문화시대에 진입했던 것이다.

청동기문화는 인류 역사상 처음으로 등장한 금속문화로서 석기문화에서 금속문화로의 변화를 가져온 매우 큰 사건이었으며 세계 어느 지역에서나 청동기시대가 되어야 대개 국가가 출현했다. 그러므로 청동기문화의 개시는 인류 문화와 사회 발전이라는 면에서 아주 중요한 의미를 갖는다.

지난날에는 우리 청동기문화 시작 연대를 서기전 900~1000년 무렵으로 잡았다. 청동기시대가 서기전 10세기 무렵에 시작되었다면 『삼국유사』 〈고조선〉조와 『제왕운기』 기록에 따라 계산된 서기전 2333년이라는 고조선의 건국 연대는 믿을 수 없는 것이 된다. 청동기시대 이전은 신석기시대인데 신석기시대에 나라가 세워진 예는 없기 때문이다. 일부 학자들이 『삼국유사』와 『제왕운기』의 고조선 기록을 불신한 것은 바로 이러한 이유 때문이다.

그런데 고고학의 연대는 유동적인 것이다. 그 연대는 새로 발굴된 유적을 기준으로 항상 앞당겨질 가능성이 있기 때문이다. 지난날에는 유적의 연대를 추측으로 정하는 상대편년을 하기도 했다. 그러나 지금은 방사성탄소연대측정법을 비롯한 여러 가지 과학적인 방법을 사용하고 있다. 그 결과 우리나라와 만주의 청동기문화 연대가 매우 빠르다는 사실이 확인되었다.

전라남도 영암군 장천리의 청동기시대 집자리와 경기도 양평군 양수리의 청동기시대 고인돌 유적은 서기전 2500~2600년, 만주의 청동기문화인 하가점하층문화(夏家店下層文化)는 서기전 2410년으로 확인되었다. 한반도 남단에서부터 중부를 거쳐 만주에 이르는 지역의 청동기문화가 서기전 2500여 년 전에 시작된 것으로 확인된 것이다. 황하 유역보다 앞선 것이다.

이렇게 되면 『삼국유사』와 『제왕운기』의 기록에 따라 산출된 서기전 2333년이라는 고조선의 건국 연대는 우리 민족이 청동기문화를 가진 뒤 170여 년이 지나 국가를 세운 것이기 때문에 과학적인 근거를 얻게 된다. 우리는 동아시아에서 맨 먼저 나라를 세운 민족인 것이다.

중국의 하나라는 서기전 2200년 무렵에 건국되었다고 전해오므로 고조선 건국은 그보다 130여 년 앞섰던 것이다. 그뿐만 아니라 고조선은 주변의 씨족과 종족들을 정복하여 한반도와 만주 전 지역을 아우르는 큰 나라로 발전했다. 고조선은 우리 역사상 가장 넓은 영토를 가진 국가였다. 그 결과 한반도와 만주에 거주하던 모든 사람들은 같은 나라에 속한다는 귀속의식을 갖게 되어 우리 민족의 형성을 보게 되었다.

우리는 동아시아에서 가장 먼저 나라를 세웠고 가장 먼저 민족을 출현시켰던 것이다.

· 2 ·

우리 민족의 능력은 어떠한가

우리 조상들은 고조선시대에 이미 높은 수준의 청동 합금 기술과 가공 기술을 갖고 있었다. 우리 조상들은 용도에 따라 합금의 비율을 달리해 사용했다. 청동거울이나 장식품을 만들 때는 주석의 비율을 다소 높게 섞어 광택이 잘 나고 녹이 슬지 않도록 했으며 무기를 만들 때는 주석의 비율을 낮게 하여 질기도록 했다.

고조선시대의 유적에서는 청동실을 엮어 짠 장신구가 출토되었는데 그 실의 지름이 0.25밀리미터였다. 이렇게 가느다란 청동실을 생산하기란 요즘 기술로도 쉽지 않다. 이러한 사실은 우리 조상들이 고조선시대에 이미 우수한 과학기술과 높은 문화를 지니고 있었음을 알게 해준다.

만주의 초기 청동기문화인 하가점하층문화의 채색 질그릇으로 모양과 채색이 매우 아름답다. 고조선 초기에 만주에서는 이렇게 아름다운 질그릇이 생산되었다. 우리 민족이 가지고 있는 능력의 한 면을 보여주는 것이다.

고조선은 수공업도 매우 발달해 있었다. 압록강 북쪽 길림성(吉林省) 성성초(星星哨)의 고조선 유적에서는 모직물이 출토되었는데 양털 실과 개털 실을 섞어 짠 것이었다. 그것은 원시적이기는 하지만, 방직기를 사용해서 짠 것으로 요즘 생산되는 약간 낮은 질의 모직과 같은 수준으로 우수한 것이었다. 당시로서는 최상의 모직물이 고조선에서 생산되었던 것이다.

고조선은 중국에 활, 화살, 화살촉 등의 무기와 특수한 동물 가죽 그리고 모피 의류와 모직 의류 등을 수출했다. 이것들은 중국 문헌에 기록되어 있는 것인데 이외에도 여러 종류의 물품이 중국에 수출되었을 것이다. 활과 화살, 화살촉은 주로 육박전을 치르던 당시로서는 가장 위력을 가진 무기였으며 모피 의류와 모직 의류는 최상의 호사품이었을 것이다.

고조선 지역에서는 명도전(明刀錢)을 포함한 중국 청동화폐가 아주 많이 출토된다. 한 유적에서 4,000~5,000여 점이 출토된 곳도 있으며 200~300점이 나온 유적은 여러 곳이다. 고조선은 막대한 물품을 외국에 수출한 국제무역국이었으며 외화 보유국이었던 것이다.

『맹자(孟子)』에 따르면 고조선의 세율은 수확의 20분의 1이었다. 당시 중국에서는 수확의 10분의 5를 세금으로 거둬들였는데 경우에 따라서는 10분의 8이나 9까지도 징수했다. 고조선에서 이렇게 적은 세금을 거두면서도 나라를 운영할 수 있었던 것은 왕궁이나 종묘를 크게 짓지 아니하고 왕릉도 크게 만들지 않았으며 관직은 꼭 필요한 것 외에는 설치하지 아니하고 대신들 사이에서 폐백(幣帛)도 주고받지 않기 때문이라고 맹자는 설명하고 있다. 매우 검소하고 절약하는 정치를 했음을 알 수 있다.

제천의식을 행하는 기간에는 남녀노소 차별 없이 온 나라 사람이 함께 음식을 먹고 술을 마시며 춤추고 노래했다. 이것은 우리 민족이 다른 민족에 견주어 신분에 따른 차별 대우를 심하게 하지 않았음을 알게 해주는 것이다. 중국에서는 신분이 다르면 같은 자리에 설 수가 없으며 함께 음식을 먹고 술을 마시며 춤추고 노래한다는 것은 생각할 수도 없는 일이었다.

고조선에서 세율이 매우 낮았던 것과 사회 신분에 대한 차별이 심하지 않았던 것은 홍익인간 이념이 정치와 풍속에 반영되었기 때문이 아니었을까 생각된다. 중국의 문헌에는 고조선으로 망명하거나 이주한 사람이 많았다고 기록되어 있는데 이것은 고조선이 살기 좋은 사회였음을 알게 해주는 것이다. 기자와 위만은 그러한 망명객에 속하는 사람이었다.

고조선은 연(燕)나라의 침략을 받은 적이 있다. 갑자기 연나라의 침략을 받은 고조선은 2,000여 리를 후퇴했으나 바로 반격을 가하여 연나라 동부 땅을 빼앗아 침략을 응징했다. 당시 중국은 전국시대로서 춘추시대 이래 수백 년 동안 전쟁이 계속되었고 이에 따라 새로운 무기와 전략, 전술이 개발되었다. 『손자병법(孫子兵法)』이나 『오자병법(吳子兵法)』 등은 이때 나온 병서들이다. 이러한 소용돌이 속에서 연나라는 실전 경험을 많이 가지고 있었다. 이러한 연나라를 응징했다는 것은 고조선의 국력이 매우 강했음을 알게 해주는 것이다.

이상과 같이 우리 민족은 매우 높은 문화와 과학기술을 지니고 있었으며 발달한 무기와 수공업 제품을 중국에 수출하여 많은 외화를 벌어들였다. 이러한 경제적 기반 위에서 백성들에게는 아주 낮은 세금을 징수했고 신분에 따른 차별 대우를 심하게 하지 않았다. 지배층은 검약하는 정치를 하여 위아래 모두가 살기 좋은 나라를 만들려고 노력했던 것이다.

·3·

우리가 꼭 알아야 할 것이 있다

우리 민족이 꼭 알아야 할 것이 있다. 그것은 우리 민족의 우수한 능력은 부분적으로 면면히 이어지고 있기는 하지만 전체적으로 보면 후대로 오면서 국력이나 문화 수준이 중국과 일본에 뒤지고 있다는 점이다. 중국은 당나라 때에는 국력으로나 문화적으로 국제적인 대제국이 되었고 신라와 연합하여 백제와 고구려를 멸망시켰다. 이후 중국은 우리나라에 영향력을 행사하기 시작했는데 근세 조선시대에 오면 중국의 유교 논리가 우리나라 정치와 학문의 지도이념이 되었다.

일본은 근대화 과정에서 국력과 문화가 크게 신장하여 우리나라를 강점했다. 왜 열도는 우리나라가 청동기시대를 지나 발달한 철기시대였던 고조선 말기까지도 조몬문화라는 신석기시대 단계에 머물러 있었으며 서기전 3세기 무렵에 우리 조상들이 청동기와 철기, 벼농사, 고인돌 등의 문화를 가지고 그곳으로 이주함으로써 비로소 야요이문화가 시작되었다. 그리고 우리 조상들이 4세기 무렵에 고훈문화를 전달한 뒤 670년에야 비로소 일본이라는 국가가 출현했다. 왜 열도는 우리와는 비교할 수 없을 정도로 낙후된 사회였다. 그러한 일본이 우리를 능가하고 지배하기에 이른 것이다.

왜 이렇게 되었을까. 이 점을 밝히는 것은 우리 민족에게 주어진 가장 중요한 과제일 것이다. 그 원인을 알아야 다시는 그러한 처지에 놓이지 않도록 미리 대비할 수 있을 것이기 때문이다. 우리 역사만을 본다면 크게 발전하고 있다고 생각할 수도 있을 것이다. 한국전쟁의 폐허 속에서 '한강의 기적'이라고 말할 정도로 괄목할 만한 경제 건설을 이룩했고 최근에는 IMF의 위기도 잘 극복했다. IMF의 위기를 맞기 전만 해도 '우리는 단군 이래 최고의 풍요로움과 행복을 누리고 있다'고 말한 사람도 있을 정도였다.

그러나 우리나라를 중국·일본과 비교해보면 그렇게 편안하게 생각할 수만은 없다. 중국은 청나라 말기부터 서구 열강들의 침략을 받았고 중화인민공화국이 들어선 후에는 다소 경제적인 어려움을 겪기는 했지만 지금은 세계가 깜짝 놀랄 정도로 발전을 거듭하고 있다. 그리고 일본은 요즘 경제적 어려움을 겪고 있다고는 하지만 여전히 경제 대국이고 과학기술의 대국이다. 우리 역사를 이웃 나라와 비교해보는 시각이 필요하다.

이러한 문제에 대한 해답을 얻기 위해서는 개인이나 인류사회가 어떤 과정을 거쳐 발전하는지 그 원리를 알아야 한다. 개인이나 인류사회는 서로 다른 것이 만나거나 충돌하여 상호작용을 일으킴으로써 발전하는 것이다. 상호 간의 영향, 보완, 자극, 경쟁, 투쟁 등으로 새로운 것이 창출됨으로써 발전하는 것이다. 새로운 문화는 서로 다른 문화와 접촉하거나 충돌하면서 출현했던 것이다. 이 점은 개인이나 민족 모두에게 마찬가지다.

이런 원리를 중국과 일본에 적용해보자. 중국 문명의 발생과 국가 단계의 진입은 황하 중류 유역에서 시작되었다. 중국 대륙은 매우 넓어 지역에 따라 자연환경과 종족 또는 민족이 다르다. 따라서 종교와 언어를 포함한 문화와 풍속 또한 서로 다르다. 중국은 영역이 넓어지면서 이들 다른 환경과 다른 종족 또는 민족과 다른 문화들이 상호작용을 일으켰다. 그 결과 계속 새로운 것이 창출되어 발전을 가져왔다. 중국이 통일된 뒤에는 비단길을 거쳐 중앙아시아는 말할 것도 없고 유럽과도 교류를 가져 발전에 이바지했다.

일본은 사면이 바다로 둘러싸여 있어서 주변과 교류가 활발하지 못했다. 따라서 낙후될 수밖에 없었지만, 고유한 문화를 잘 유지할 수 있는 장점이 있었다. 그러한 일본은 근대화 과정에서 일본 문화의 정체성을 유지·강화하면서 서구 문화를 받아들여 자극과 영향을 받도록 했다. 그 결과 새로운 것이 많이 창출되어 세계의 경제 대국 그리고 과학기술의 대국이 되었다.

그러나 우리나라는 이들과 달랐다. 고조선이 건국된 뒤 한반도

원구단의 옛 모습. 사적 157호인 원구단은 1897년 10월 12일 고종이 황제의 즉위를 하느님께 고하는 의식을 올렸던 곳이다. 우리나라를 강점한 일제는 1913년 원구단을 허물고 그 자리에 조선총독부 철도호텔을 지었는데 광복 후에는 조선호텔로 바뀌었다. 지금은 호텔 뒤편에 원구단의 일부로서 신위판을 모셨던 황궁우만 남아 있다. 고조선시대에 높은 문화 수준을 보여주었던 우리 민족은 일제에 의해 민족의 심장부인 원구단이 헐리는 수모를 겪어야 했다.

와 만주 각 지역에 거주하던 여러 종족은 같은 겨레를 이루어 동질화했으며, 사회 내부의 다양성은 줄어들었다. 삼면은 바다로 둘러싸여 외부와의 교류가 자유롭지 못했다. 육지로 연결되어 있는 몽골과 연해주는 자연환경이 열악하여 문화 수준이 매우 낮았다. 우리에게 자극이나 영향을 주지 못했다. 황하 유역은 중국이 차지하고 우리를 가로막고 있었다. 우리에게 영향이나 자극을 줄 수 있는 곳은 중국뿐이었다. 거기에다 우리는 근대화 과정에서도 쇄국정책을 써서 다른 나라와 깊은 교류를 갖지 못했다. 그러니 우

서울시 중구 소공동에 있는 황궁우.

리는 새로운 것을 창출해낼 수 있는 기회가 적을 수밖에 없었다.

그 결과 우리는 발전이 더디게 되었다. 고조선시대의 국력이나 문화 수준을 보면, 일본은 말할 필요가 없고 중국보다도 앞섰는데 후대로 오면서 중국이나 일본에 뒤지는 결과를 가져오고 말았다. 이 점을 어떻게 극복해야 할까. 이것은 우리가 해결해야 할 매우 중요하고도 시급한 과제이다.

4

우리 사회의 문제점은 무엇인가

지금 세계는 크게 변하고 있다. 각국은 미래의 세계가 자신들에게 유리하게 작용할 수 있는 환경을 만들기 위해 바쁘게 움직이고 있다. 우리도 변하고 있다. 경제적으로나 문화적으로 크게 성장하고 있다. 그러나 장기적인 안목을 가지고 미래를 준비하는 데는 아쉬운 점이 없지 않다. 지금 우리가 시급히 해야 할 일은 우리가 안고 있는 문제점을 극복하고 새로운 것들을 많이 창출해낼 수 있는 환경을 만드는 일이다.

그렇다면 우리가 안고 있는 문제점은 무엇인가. 그것을 먼저 짚어볼 필요가 있다. 우리가 안고 있는 문제점은 여러 가지를 들 수 있겠지만 필자는 크게 2가지를 지적하고 싶다. 첫째는 지리적인 문제이고, 둘째는 외래문화의 수용 자세이다.

첫째, 우리나라의 지리적 위치를 보자. 북쪽은 대륙과 연접되어 있고 동쪽, 서쪽, 남쪽의 삼면은 바다로 둘러싸여 있다. 바다로 둘러싸여 있는 삼면은 교통이 불편하여 다른 나라와 교류를 활발하게 할 수 없었다. 육지로 연결되어 있는 북부 가운데 북쪽 몽골과 동북쪽 연해주 지역은 사람이 거주하기에는 자연환경이 좋지 못하며, 문화 수준이 매우 낮았다.

따라서 바다로 둘러싸인 삼면과 북쪽 그리고 동북쪽은 우리에게 문화적으로 큰 영향이나 자극을 주지 못했다. 우리나라의 발전에 큰 도움을 주지 못했던 것이다. 우리가 영향이나 자극을 받을 수 있는 곳은 서쪽으로 연결된 중국의 황하 유역뿐이었다. 그러니 우리는 주로 중국과의 관계에서만 자극과 영향을 받을 수 있었던 것이다.

그런데 중국은 황하 중류 유역에서 국가를 세운 뒤 영역이 확장되면서 중국 대륙 각 지역의 다른 자연환경과 다른 종족이나 민족의 여러 문화와 접촉하면서 상호 영향과 자극을 받았다. 그리고 비단길이 열린 뒤에는 중앙아시아 지역은 말할 것도 없고 유럽과도 교류를 갖게 되었다. 그러한 과정에서 크게 발전할 수 있었다. 우리는 이러한 중국과 견주어볼 때 지리적으로 불리한 위치에 있다.

둘째, 우리 민족의 외래문화 수용 자세를 보자. 우리는 외래문화를 수용할 때 항상 외래문화를 우리 문화보다 우위에 두었다. 일찍이 고구려, 백제, 신라에 전래되어 큰 영향을 준 불교는 왕실에서 먼저 받아들여 귀족사회를 중심으로 퍼져나갔다. 우리는 이것을 왕실불교라고 말한다. 그 결과 불교는 우리 사회의 상층 문화를 형성하게 되었다. 이렇게 되어 불교가 들어오기 전 우리 민족이 가지고 살았던 우리 고유문화는 서민들과 함께 불교 아래에 있게 되었다.

우리나라에 전래된 불교는 대승불교인데 거기에는 윤회사상과 업보사상이 들어 있다. 영혼은 새로운 생명으로 다시 태어나는 것인데 현세의 사회적 지위나 명망은 전생의 업보로 얻어진다는 것이다. 이것은 왕실이나 귀족에게는 현실 지위의 타당성을 뒷받침해주는 아주 좋은 논리가 아닐 수 없었다. 이런 점 때문에 우리 사회의 초기 불교는 왕실과 귀족을 중심으로 한 상층 문화를 형성했던 것이다.

근세 조선시대에 이르면 유학을 정치와 학문의 지도이념으로 삼게 되었다. 왕실을 포함하여 양반 사대부사회에서는 유가의 논리가 지배하게 되었다. 유학이 상층 문화를 형성하게 되었던 것이다. 이렇게 되어 불교는 유가 아래 있게 되었고 우리 고유문화는 불교 밑에 있게 되었다.

근대화 이후에는 기독교를 중심으로 한 서구 문화가 우리 사회의 상층 문화를 형성하게 되었다. 기독교 문화 자체가 상층민만을 위한 것은 아니지만 서구 문화를 익힌 사람들이 우리 사회의 지도층 인사가 되기에 이른 것이다. 지금은 민주와 평등을 말하는 시대이므로 상하를 논하는 것이 잘못된 것이라고 말할 사람이 있을지 모른다. 그러나 현실적으로 상하가 존재하고 있고, 상층부를 형성한 사람들은 대부분 기독교를 중심으로 한 서구 문화에 익숙해 있는 사람들이다. 그 결과 우리 사회의 문화 구조는 맨 위에 서구 문화(기독교 문화), 그 아래에 유교 문화, 그 아래에 불교문화, 그리고 맨 아래에 우리 고유문화가 있게 되었다.

우리 스스로 우리 문화를 천시한 것이다. 일본은 자신들의 문화를 혼으로 삼아 중심에 두고 외래문화는 기능적인 것으로 이용하는 원칙을 견지해왔는데, 우리는 우리 문화를 외래 문화보다 아래에 두고 짓밟아버렸던 것이다. 참으로 통탄할 일이다. 이러한 일을 한 사람들은 바로 우리 사회의 최고 지식인들이었다. 어느 시대를 막론하고 외래문화를 접할 수 있었던 사람들은 신분도 높았지만 그 시대의 최고 지식인들이었던 것이다. 그러한 일들은 지금도 여러 분야에서 저질러지고 있다. 반성할 일이다.

우리 문화를 천시하게 되면 자연히 그 문화를 만들어낸 우리 자신은 열등의식을 갖게 되고 자존심의 상처도 받게 된다. 우리 문화를 외래문화의 밑에 두고 천시하는 것은 우리 사회와 문화의 발전을 더디게 할 뿐만 아니라 사회병리 현상도 가져온다는 것을 알아야 한다.

· 5 ·

우리 사회의 병리 현상에 주목한다

우리는 주위에서 병적인 현상을 너무 많이 접하며 살고 있다. 부도덕, 무질서, 무책임한 행동 등을 도처에서 볼 수 있다. 우리나라의 지도층 인사들이 모였다는 정치판에서는 체면 불구하고 서로 헐뜯고 욕설을 퍼붓고 붙들며 싸우고 있다. 사람의 탈을 쓰고서는 도저히 할 수 없는 행동들을 하고 있다. 그것을 부끄러워할 줄도 모른다. 부끄러워할 줄 모르니 그들의 잘못을 지적하고 비판해도 전혀 효과가 없다. 분명히 정상적인 사람들은 아니다.

외국인이 쓴 어느 책에 우리나라를 가리켜 전과자가 떵떵거리는 나라라고 했다. 지도층에 전과자가 가장 많은 나라가 우리나라라는 것이다. 사실 그렇다. 국회의원이나 지방의회 의원 또는 지

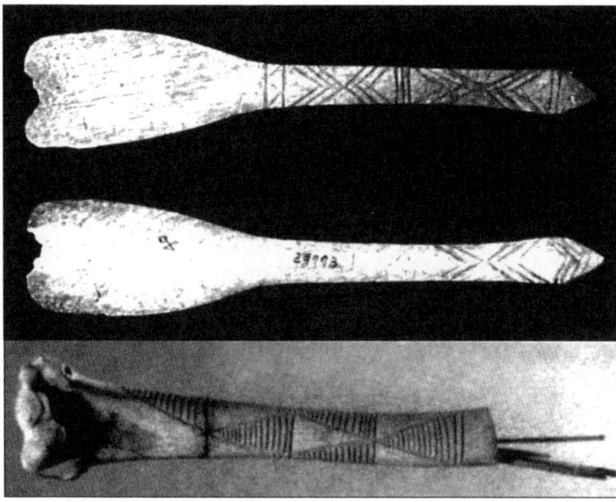

뼈로 만든 고조선시대의 숟가락(위쪽)과 바늘과 바늘통(아래쪽). 숟가락은 함경북도 나진시 초도 유적에서 출토되었고 바늘과 바늘통은 함경북도 선봉군 서포항 유적에서 출토되었는데 이 유물들은 우리 민족이 고조선시대에 이미 숟가락을 사용할 정도로 위생적이고 문화적인 생활을 했으며 바늘로 여러 종류의 옷을 만들어 입었음을 알게 해준다. 숟가락과 바늘통에 새겨진 아름다운 무늬는 우리 조상들이 수준 높은 미의식을 가지고 있었고 그것을 생활에 응용했음도 알게 해준다. 이렇게 유능했던 우리 민족의 사회적 병리 현상은 어디서 왔을까.

자체장 등에 입후보한 사람들 가운데 전과자가 많다는 것은 선거 때마다 보도된다. 전과가 있으면서도 부끄러워할 줄 모르고 정치 지도자가 되겠다니 파렴치도 이만저만이 아니다. 전과를 부끄러워할 줄 모르니 법원의 판결을 무서워할 리 없다. 형무소에 가는 것을 두려워할 리 없다. 선거에서 전과자가 당선되는 경우가 흔히 있는 것을 보면 국민들의 의식 수준에도 문제가 있다.

각종 탈법과 불법 그리고 퇴폐 행위와 탈선 행위를 서슴없이 행하는 사회, 조그만 일에도 걸핏하면 화를 내는 사람들, 때와 장소를 가리지 않고 지나치게 서두르는 행태 등을 보면 우리 사회를 정상적인 사회라고 말하기는 어렵다. 비정상적인 면이 있다고 말하게 되는 것이다.

우리 고대 역사를 보면 우리는 원래 참으로 능력 있는 민족이었다. 그리고 삶의 자세가 매우 성실하며 우수한 문화를 가지고 있었다. 서로 사랑하고 도우며 예의 바르고 질서를 잘 지켰을 뿐만 아니라 미래에 대한 큰 희망을 가지고 긍정적으로 사는 민족이었다. 따라서 오늘날 우리 사회에서 볼 수 있는 병리 현상은 우리 민족의 본래 모습은 아니다. 그렇다면 우리 사회의 병리 현상은 어디서 온 것일까.

개인이나 집단이나 정신적 병리 현상을 가져오는 가장 큰 원인은 자존심의 상처와 열등의식이라고 한다. 그러므로 우리 사회 병리 현상의 원인을 찾기 위해서는 역사 속에서 우리 민족이 자존심의 상처를 받았거나 열등의식을 갖게 된 일이 있었는지를 살펴볼 필요가 있다.

우리 민족이 가장 큰 상처를 받은 것은 중국과 일본에게서였다. 신라가 고구려와 백제를 치기 위해 당나라 힘을 빌리면서부터 우리는 매우 빠른 속도로 중국의 영향권에 들게 되었는데 근세 조선시대에 이르러서는 중국의 유학을 정치와 학문의 지도이념으로 삼기에 이르렀다. 유학의 정치철학은 중국 천자가 천하를 다스려야 한다는 이른바 '천하사상(天下思想)'을 핵심으로 하고 있다. 따라서 우리나라는 당연히 중국 천자가 다스려야 할 곳이었다. 우리는 중국의 천자를 우리 천자로, 중국을 상국으로, 중국인들을 상전으로 받들어야 했다.

이렇게 되니 우리 조상들 가운데 의식이 있는 사람들은 자존심의 상처를 받았을 것이고 백성들은 열등의식을 갖게 되었을 것이다. 이러한 자존심의 상처와 열등의식은 잠재의식에 기억되어 유전인자로 전해지고 다시 현실 세계에서 그것을 체험하여 그 위에 또 쌓임으로써 잠재의식에 강하게 자리 잡게 되었을 것이다. 이러한 사회 환경은 조선시대 500여 년 동안 계속되었다. 1대를 30년으로 계산한다면 17대를 그렇게 살아온 것이다.

그것으로 끝나지 않았다. 그 뒤를 이어 우리 민족은 일제에 강점당했다. 일제는 우리 역사와 문화를 왜곡하여, 우리 민족이 무능하고 분열을 일삼으며 서로 시기·질투하고 싸움을 일삼는 사람들인 것처럼 만들었다. 우리 민족이 받은 자존심의 상처와 열등의식은 매우 컸을 것임에 틀림없다. 우리보다 한참 낙후된 나라로만 여겼던 일본의 지배를 받게 되었으니 거기서 받은 자존심의 상처와 열등의식은 이루 말할 수 없었을 것이다.

1945년 8월 15일 우리는 광복을 맞이했다. 그러나 조국은 두 동강 났고 1950년에 일어난 한국전쟁은 우리에게 깊은 상처를 주었다. 그 결과 '우리 민족은 별수 없다'는 자책과 자조가 팽배해지게 되었다. 생각해보라. 이러한 역사를 체험하면서도 정신질환을 갖지 않는다면 그것이 오히려 이상한 일 아니겠는가.

이제 우리는 이러한 과정에서 형성된 자존심의 상처와 열등의식을 해소해야 한다. 우리 잠재의식에서 그러한 것을 말끔히 씻어내고 거기에 긍정적이고 자신감에 찬 생각들을 채워 넣어야 한다. 우리는 유능한 민족이라는 사실, 단결과 화합을 추구하는 민족이라는 사실을 인식하도록 해야 한다.

그러나 그렇게 생각하거나 말하는 것이 좋다고 인식하는 정도로는 충분하지 않다. 정신분열증 환자는 정상인보다 모든 것을 불신하는 경향이 있다. 그러므로 "우리 민족은 원래 유능한 민족이다."라고 말해봐야 믿으려 하지 않는다. 그것은 국수주의자나 하는 소리라고 일축하게 된다.

그러므로 우리는 역사 속에서 그것을 철저하게 실증해 보여야 한다. 이러한 점에서도 우리 역사를 올바르게 연구하고 교육하는 일은 매우 중요한 것이다. 올바른 역사 연구와 교육은 단순히 역사를 바로잡는다던가, 민족의 정체성을 확립한다던가, 자긍심을 심어준다던가 하는 차원을 넘어 우리 사회의 병리 현상을 치유하는 데도 매우 중요한 역할을 한다는 사실을 알아야 한다.

·6·

지금 우리가 해야 할 일은 무엇인가

우리 역사를 보면 그 초기인 고조선시대에는 중국이나 일본에 견주어 높은 수준의 문화를 지니고 있었는데 시대가 내려오면서 발전이 더딘 현상이 일어났다. 그 결과 후대에 이르면 국력이나 문화 수준이 중국보다 뒤지게 되었고 근대화 이후에는 일본에도 뒤진 상황이 벌어졌다.

이러한 상황에는 여러 가지 원인이 있겠지만 가장 근본적인 것으로는 우리나라의 지리적 위치가 불리했고 외래문화의 수용 자세에 문제가 있었던 것을 들 수 있다.

우리나라는 동쪽과 서쪽, 남쪽 삼면은 바다로 둘러싸여 다른 나라와 교류가 어렵고 육지로 연결된 북쪽과 동북쪽의 몽골과 연해주는 자연환경이 열악하여 문화 수준이 낮아 우리에게 자극이나 영향을 주지 못했다. 우리가 자극과 영향을 받을 수 있는 곳은 서쪽의 황하 유역뿐인데 중국이 가로막고 있었다. 그러니 우리의 발전은 중국과의 접촉에 의존할 수밖에 없었다.

거기에다 우리는 새로운 외래문화를 받아들일 때마다 그것을 지배 논리로 이용함으로써 그것이 상층 문화를 형성하게 되었고 우리 문화는 그 아래에 있게 되었다. 사국시대의 불교문화와 관계가 그러했고 조선시대의 유교 문화와 관계가 그러했으며 근대화 이후의 서구 문화와 관계가 그러하다. 그 결과 외래문화가 들어오기 전 우리 겨레가 가지고 살았던 고유문화는 우리 사회의 맨 밑바닥에 있게 되었다.

사회 신분이 낮고 경제적으로 어려운 서민들만 그것을 지키며 살게 되었다. 그 결과 우리 자신도 그것을 천시하게 되었다. 따라서 우리 문화와 외래문화가 대등한 위치에서 자극과 영향을 주고받지 못했다. 그러니 새로운 것이 창출되기 어려웠고 발전이 더딜 수밖에 없었던 것이다.

그런데 지금 우리의 주변 환경과 여건은 우리에게 유리하게 변하고 있다. 고대에는 육지로 연접된 지역들 사이에서만 활발한 교류가 가능했다. 그러나 지금은 다르다. 교통수단이 발달하여 지구상에서 아무리 먼 곳도 하루나 이틀이면 갈 수 있게 되었다. 그만큼 교류가 신속하고 활발하게 된 것이다.

그뿐만 아니라 통신 시설이 발달하고 인터넷이 등장함에 따라 누구나 자신의 컴퓨터 키를 클릭함과 동시에 세계 어느 곳과도 정보 교환이 가능하게 되었다. 지리적으로 멀고 가까운 것이 문제가 되지 않는 것이다. 더욱이 우리나라는 인터넷 사용 분야에서는 세계에서 가장 앞선 나라 가운데 하나가 되어 있다. 따라서 우리나라의 지리적인 문제점은 완전히 해결된 것이다.

지금 국제사회는 완전 개방으로 치닫고 있다. 세계화를 부르짖으면서 경제적, 문화적인 국경은 사라지고 있다. 통신 시설은 발달하고 국제사회는 개방되고 있으므로 세계 각 지역 간의 교류는 매우 활발하고 신속해지고 있다. 국제사회가 한 나라와 같은 환경이 되고 있다. 우리에게는 아주 유리한 환경이 만들어지고 있는 것이다.

그러나 매우 걱정되는 점이 있다. 정보 교류가 활발하고 신속할수록 우리는 그에 대응할 만큼 강한 우리 가치관과 문화를 가지고 있어야 한다. 그래야만 우리 문화와 외래문화의 접촉과 자극이 이루어지면서 새로운 것이 창출될 것이다. 그렇지 못하면 홍수처럼 밀려오는 외래문화에 매몰되고 말 것이다. 그러한 점에서 주체적이고 긍정적이며 강한 역사 교육이 필요한 것이다. 우리 가치관과 문화가 생활 속에 깊이 자리 잡도록 해야 하는 것이다.

그러기 위해서는 외래문화를 우리 문화 위에 두고 그것을 지배논리로 삼았던 지금까지의 외래문화 수용 자세를 하루속히 시정해야 한다. 지난날 사회적 지위도 없고 경제적으로도 빈곤한 서민들만 우리 고유문화를 가지고 생활함으로써 우리 문화는 윤기를 잃고 초라해질 수밖에 없었다. 그 결과 우리 자신도 우리 문화를 천박한 것으로 보기에 이르렀던 것이다. 우리 스스로 그렇게 만든 것이다.

지금 우리는 어느 것이 우리 문화이고 어느 것이 외래문화인지조차 분간하지 못하는 지경에 이르러 있다. 예를 들면 불교문화와 유교 문화를 우리 문화로 착각하고 있는 상황이다. 우리 문화와 우리 것처럼 된 외래문화, 즉 한국 문화와 한국적 문화를 분간하지 못하고 있는 것이다.

국악을 전공하는 황병기 교수님의 말씀이 생각난다. 함께 학회에 참석하고 차를 마시는 자리에서 우리 문화에 대한 인식 부족을 안타까워하며 이런 말씀을 하셨다. 황 교수님은 가끔 기자들에게 왜 외도를 하고 있느냐는 질문을 받는다는 것이다. 황 교수님은 서울대학교 법대 출신이다. 그런 사람이 왜 법조인이 되지 않고 국악인이 되었냐는 질문인 것이다.

그런 질문을 받으면 어이가 없다고 한다. 국악은 우리 음악이며 어려서부터 들어서 자연스럽게 몸에 배어 있는 우리 것인데 그러한 국악을 하는 것이 어찌 외도란 말인가. 외도라면 오히려 대학생 때 법학을 공부한 것이 외도가 아니겠는가라는 생각을 하신다는 것이다. 우리 대학에서 배우는 법학은 사실상 서양 학문이기 때문이다.

우리 문화와 외래문화가 상하 관계를 이룬 것은 그 문화를 가지고 있었던 사람들의 신분과 빈부의 차이 때문이었다. 그러므로 진정한 민주화가 이루어지고 모든 사람이 평등해진다면 문화도 위아래가 없이 평등해질 것이다. 그러나 그렇게 되기까지는 현실적으로 요원하다. 사회의 지위와 빈부의 차이는 여전히 존재하고 앞으로도 오랜 기간 그러할 것이며 이에 따라 교육에도 차이가 있을 것이기 때문이다.

따라서 우리는 올바른 역사 연구와 역사 교육을 하면서 우리 것을 찾아내고 바로 세우는 작업에 힘을 기울여야 한다. 그것이 결코 외래문화에 견주어 천박하지 않다는 사실을 깨닫게 해야 하고 우리 생활 속에 자리하도록 해야 한다.

지식인들이 이제는 외래문화만을 높이 평가하는 역사의 죄인이 되지 않도록 해야 하며 우리 문화와 외래문화가 서로 대등한 위치에서 만나도록 해야 하고 그 중심에 우리 것이 있도록 해야 한다. 그것은 고대로 회귀하기 위해서가 아니라 바람직한 미래로 발전하기 위해서 필요한 것이다.

·7·

우리 민족의 미래를 전망해본다

국제사회는 나날이 개방되고 있다. 거기에다 세계화의 열풍이 갈수록 강하게 전 세계를 휩쓸고 있다. 또 교통과 통신 그리고 인터넷의 발달은 세계 각 지역의 정보를 시간 차이 없이 서로 교환할 수 있도록 만들고 있다. 국제 환경이 우리에게 과거보다 유리하게 작용하고 있는 것이다. 그러나 따지고 보면 이러한 환경은 지구상의 모든 나라에 동일하게 작용한다. 그러므로 그것은 노력하는 나라에 유리한 것이지, 결코 우리에게만 유리한 것은 아니다. 그러나 우리는 다른 민족이나 다른 나라가 지니지 못한 강점이 몇 가지 있다.

첫째는 우리 민족의 능력이다. 지리적 위치의 약점과 외래문화 수용 자세의 잘못으로 후대로 오면서 발전이 더디어지기는 했지만 앞에서 살펴본 바와 같이 우리는 아주 유능한 민족이었다. 그러므로 우리에게 유리한 기회만 주어지고 지난날의 잘못을 시정하는 노력을 한다면 우리 민족은 우수한 능력을 다시 발휘할 수 있을 것이다.

그러나 다행히도 오늘날의 국제 환경은 지난날 우리에게 불리하게 작용했던 지리적인 약점을 많이 해소해주는 방향으로 전개되고 있다. 그리고 아직은 만족스러운 수준은 아니지만 우리 문화를 찾아 바로 세우자는 노력도 더불어 일어나고 있다. 거기에다 우리 민족의 저력을 인식하도록 하는 일들이 여기저기에서 일어나고 있다. 세계를 놀라게 한 2002년 월드컵 경기 때의 열광과 온 국민이 참여한 질서정연한 응원도 그 가운데 하나이다. 이제 기대해볼 만하다.

둘째는 민족 통일이 가져올 효과이다. 우리는 반세기가 넘는 긴 기간을 남북으로 나누어져 있었다. 그 분단은 이념과 체제를 달리한 것이었다. 남한과 북한은 정치의식, 경제 상황, 생활양식 등은 말할 것도 없고 가치관에서도 큰 차이를 가지고 있다. 이제 평화적 통일만 이루어진다면 남북이 가지고 있는 이러한 큰 차이는 사회 갈등을 가져오기도 하겠지만, 서로 영향과 자극을 주고받으며 우리 민족의 발전에 매우 큰 동력으로 작용할 것이다. 지금도 부분적으로는 작용하고 있다고 본다. 이 점은 지구상에서 우리 민족만이 겪고 있는 불행이기도 하지만 우리만이 가지고 있는 유리한 조건이기도 한 것이다.

셋째는 우리 사회에 내재한 종교의 다양성이다. 우리 사회에는 민족종교, 불교, 유교, 천주교, 개신교 등 여러 종교가 있다. 각 종교들은 상당한 신도 수와 세력을 가지고 있다. 인류의 역사를 들여다보면 어느 나라든지 한 나라 안에 다른 종교가 비슷한 세력을 가지고 있을 경우 대개는 종교 전쟁이 일어났다. 어느 한 종교가 다른 종교에 견주어 절대적 우위를 가지고 있을 때 종교적으로 그 사회는 안정된다.

그러나 우리는 여러 종교가 각각 상당한 세력을 가지고 있으면서도 종교 전쟁은 일어나지 않고 있다. 다른 종교를 배격하는 면이 전혀 없는 것은 아니지만 비교적 잘 조화를 이루고 있다. 이것은 원래 우리 민족이 화합을 추구하는 민족이기 때문에 가능한 것이다. 우리 사회에 존재하는 여러 종교는 각각 다른 가치관과 문화를 가지고 있다. 이것들은 서로 영향과 자극을 주고받으면서 우리 사회를 발전시키는 동력으로 작용하고 있다. 이 점도 다른 나라나 다른 민족에서는 찾아볼 수 없는 우리 사회만이 가지고 있는 특징이다.

넷째는 우리 민족 고유의 홍익인간 이념이다. 근대화 이전의 전통사회에서는 신분이나 계층의 차이가 확대되고 강화되었다. 그러한 사회에서 더불어 이익이 되고 더불어 행복한 사회를 만들어야 한다는 홍익인간 이념은 지배층에게는 수용하기 어려운 면이 없지 않았다. 그러나 지금은 상황이 완전히 달라졌다. 방법의 차이는 있지만 세계 각국은 국민 모두가 행복을 누리는 복지국가를 만들기 위해 노력하고 있다. 홍익인간 이념을 실천하려고 노력하고 있는 것이다.

그러한 사회를 만드는 데 수천 년 동안 홍익인간 이념을 가지고 살아온 우리 민족보다 유능한 민족이 지구상에 과연 있겠는가. 홍익인간 이념이 우리 잠재의식에서 깨어나는 날 우리 민족은 인류가 행복을 누릴 수 있는 가장 모범적인 사회를 만들 수 있을 것이다.

이상과 같이 우리 민족은 다른 나라나 다른 민족이 가지고 있지 못한 좋은 여건을 가지고 있다. 우리에게는 희망이 있다고 말할 수 있다. 그러나 우리가 반드시 실천해야 할 것이 있다. 그것은 우리 역사를 바로 세우는 연구와 교육이다. 우리 민족이 우리 문화에 자존심과 긍지를 가지도록 해야 하며 우리 가치관이 생활에 뿌리내리도록 해야 한다. 그래야만 우리 문화가 다양한 외래문화와 서로 영향과 자극을 주고받아 새로운 것을 많이 창출해낼 수 있을 것이다.

그리고 우리 사회 내부도 다양성이 확보되도록 해야 한다. 그래야만 서로 다른 것들이 영향과 자극을 주고받아 새로운 것이 창출될 것이기 때문이다. 그러한 다양성은 갈등을 일으킬 수 있는 빈부나 신분의 차이 등 상하 관계가 아니며, 서로 다르면서도 균등한 조화를 이루는 것이 바람직할 것이다.

다양성을 확보하기 위해서는 자유가 주어져야 한다. 그런데 자유가 주어지고 다양성이 확보된 사회는 자칫 혼란을 초래할 위험이 있다. 그러지 않기 위해서는 높은 도덕성과 질서의식, 그리고 책임감이 있어야 한다. 우리 겨레는 지금 이러한 것들을 동시에 이루어내야 하는 상황에 처해 있다. 우리 민족 모두가 그것들을 생활에서 실천하도록 노력해야 할 것이다.

VI

통일의 역사, 이제는 달라져야 한다

·1·

우리 민족에게 개천절은 무엇인가

해마다 개천절이 되면 필자의 마음을 매우 안타깝게 만드는 것이 있다. 그것은 정부에서 주관하는 개천절 행사이다. 개천절 행사는 대개 세종문화회관에서 거행된다. 그런데 그 행사에는 대통령이 참석하지 않는 것이 관례처럼 되어 있다. 국무총리가 대통령의 축사를 대독한다.

한편 여러 민간단체에서는 서울의 사직공원이나 강화도 마리산(摩利山) 또는 태백산 등 여러 곳에서 서로 다른 형태로 개천절 의식을 거행하고 있다. 그러다 보니 개천절은 국가에서 기념하는 국경일이라기보다는 특정한 단체들이 각각 다른 목적을 가지고 행사를 하는 날인 듯한 인상을 주고 있다.

개천절은 우리 겨레의 건국 기념일이다. 우리 민족이 단군왕검을 통치자로 모시고 처음으로 조선(고조선)이라는 나라를 세운 날이 바로 서기전 2333년 10월 3일 개천절인 것이다. 그렇다면 개천절이야말로 우리 민족에게는 어느 국경일보다도 소중한 날이 되어야 할 것 아닌가. 그런데 어찌해서 개천절 행사는 대통령도 참석하지 않는, 지극히 형식적이라고 말할 수밖에 없는 수준으로 전락했을까. 그런데 이 문제를 심각하게 생각하는 사람은 별로 많지 않은 것 같다.

이에 반해 광복절 행사는 개천절 행사와는 비교가 안 될 정도로 성대하다. 독립기념관에서 행해지는 정부 주관의 광복절 행사에는 대통령이 참석하는 것은 당연하고 그 규모도 크다. 그뿐만 아니라 광화문 등 여러 곳에서 다양하고 성대한 행사가 펼쳐진다. 8월 15일, 광복절이 중요한 국경일이기는 하다. 1945년 8월 15일은 우리 민족이 일제의 압제에서 벗어나 국권을 회복한 날이며 1948년 8월 15일은 대한민국이 건립된 날이다. 그러므로 8월 15일은 조국의 광복과 대한민국의 건립이라는 2가지의 의미를 지니고 있다.

그러나 우리 민족의 건국 기념일인 개천절이 광복절이나 다른 국경일보다 낮게 평가되어서는 안 될 것이다. 고조선의 건국이 있었기에 우리 민족은 나라를 가질 수 있었고, 나라를 빼앗긴 슬픔이나 나라를 찾은 감격을 겪었던 것도 나라가 있었기 때문에 가능한 일이 아니었겠는가.

필자가 듣기로는 한때 국무회의에서 개천절을 국경일에서 제외하자는 논의가 있었다고 한다. 그 이유는 그날이 고조선의 건국일이라는 것을 과학적으로 증명할 수 없기 때문이라는 것이었다. 확실하지 않은 날을 국경일로 삼는 것은 바람직하지 않다는 뜻에서였을 것이다.

그즈음에 필자는 정부의 어느 연구기관에서 전화를 받은 일이 있었다. 10월 3일에 고조선이 건국되었다는 것을 과학적으로 증명할 수 있느냐는 것이었다. 어이가 없었다. 4,000~5,000년 전에 일어난 사건의 정확한 날짜를 과학적으로 증명한다는 것은 거의 불가능하다. 그렇기 때문에 어느 나라 역사에서나 이렇게 오래전의 연대나 날짜는 정확성 여부에 관계없이 그 민족이 오랫동안 믿어온 날짜를 사용하고 있다.

우리 민족은 1년 열두 달 가운데 10월을 가장 좋은 달로 여겨 상달이라 했다. 그래서 고대에 고구려, 동예, 한(삼한) 등에서는 10월에 하느님에게 제사를 지내는 국가적인 큰 행사를 가졌다. 이때는 온 나라 사람들이 남녀노소 차별 없이 밤낮을 가리지 않고 연일 함께 음식을 먹고 술을 마시며 노래와 춤을 즐겼다. 이러한 10월이 개천절의 달로 자리를 잡게 되었다. 그리고 여기에 우리 민족이 가장 성스럽게 여기는 숫자인 3이 더해져 10월 3일이 개천절이 된 것이다.

그러므로 10월 3일은 과학적으로 증명된 고조선의 건국일은 아니지만 아주 먼 옛날부터 우리 민족의 정서에 자리 잡고 있는 1년 중 가장 성스러운 달과 날인 것이다. 참으로 기념할 만한 가치 있는 날인 것이다. 이러한 기념일은 과학적인 의미 못지않게 상징적인 의미가 중요한 것이다.

12월 25일 크리스마스는 예수의 탄생일이라 하여 전 세계의 많은 사람들이 기념하지만 과학적으로 증명된 날은 아니다. 그날이 예수의 실제 탄생일이 아니라는 사실을 알면서도 기독교인은 말할 것도 없고, 거의 모든 인류가 그날을 기념하며 축하한다. 그 상징성 때문이다.

미국 매사추세츠 주의 플리머스(Plymouth) 해안에는 조그만 건물이 있고 그 안에는 바위 하나가 놓여 있다. 그 바위는 미국 역사의 시작을 알려주고 있다. 지금부터 380여 년 전 청교도단(Pilgrim Fathers)이 영국에서 메이플라워호를 타고 항해하여 미국의 플리머스 해안에 이르렀는데, 이때 맨 먼저 배에서 내린 사람이 밟았던 바위가 바로 그 건물 안에 있는 바위라는 것이다.

그런데 생각해보라. 그것을 어떻게 증명할 수 있겠는가. 누가 그것을 보았겠는가. 그 바위는 미국 역사가 그곳에서 시작되었다는 것을 상징할 뿐이다. 그러나 아무도 그것을 비과학적이라고 비난하지 않는다. 과학적으로 증명된 것이 아니니 그것을 치워버리라고 말하지도 않는다. 미국인들이 우리보다 과학교육을 받지 못해서일까. 아니다. 그들은 그것이 지니는 과학성보다 더 큰 역사적 의미를 알고 있기 때문이다.

개천절이 있으므로 우리 민족은 유구한 역사를 지닌 민족이라는 긍지를 갖게 되는 것이고 수천 년을 이어온 겨레라는 점을 자각하게 된다. 그리고 단군왕검이 있으므로 우리 민족이 하나임을 깨닫게 되는 것이다. 이 점만으로도 그 중요성은 아무리 강조해도 부족하다 할 것이다.

이제 남과 북의 주민들이 단군릉 앞에서 함께 개천절 행사를 하기에 이르렀다는 점은 그 의미를 더욱 깊고 크게 만들어주고 있다. 개천절에 대한 정부의 각별한 관심이 필요하다.

2

우리에게 진정한 민족주의는 있었는가

우리 고유문화나 민족의 가치관 또는 민족 정체성의 중요성을 말하면 그를 민족주의자로 몰아붙이는 것이 우리 현실이다. 이때의 민족주의자는 경계해야 할 인물이라는 뜻이 포함되어 있다. 민족주의는 배격되어야 할 이념으로 생각하는 사람들이 있는 것이다. 이들은 대개 이탈리아의 파시즘이나 독일의 나치즘 또는 일본의 군국주의 등을 민족주의의 산물로 본다. 그러니 민족주의는 경계해야 할 대상인 것이다.

그러나 생각해보면 참으로 어이가 없다. 파시즘이나 나치즘 또는 군국주의가 정상적인 민족주의가 가는 길일까. 설사 그러한 것이 민족주의의 산물이라 하더라도 그러한 일들이 다른 나라에 있

평양 시내에 있는 '숭령전'. 고조선의 건국 시조 단군왕검과 고구려의 건국시조 동명왕의 초상화가 모셔져 있다. 평양시 인민위원회에서 세운 설명문에는 "숭령전은 고구려시기에 단군을 제사 지내기 위해 처음 세우고 단군사라고 불렀으며 그 뒤 없어졌던 것을 리조시기인 1429년에 다시 세우고 동명왕을 함께 제사 지내게 되면서 '단군, 동명왕사'라고 했다."고 기록되어 있다. 일찍부터 단군이 우리 민족의 구심점이었음을 확인할 수 있다.

었다 하여 우리도 민족주의를 경계해야 할 것인가. 그러한 논리가 과연 우리 민족에게도 적용되는 것일까.

우선 우리가 민족주의를 실천한 적이 있었는지 의문이다. 그럴 만한 준비가 되어 있던 적도 없었던 것 같다. 민족주의를 실천하기 위해서는, 강요에 의한 것이든 스스로의 깨달음에 의한 것이든, 자신들의 문화나 가치관에 긍지를 가지고 있어야 하고 그것을 바탕으로 민족의 정체성이 확립되어야 하며 이를 중심으로 강하게 뭉칠 수 있어야 한다. 우리 민족이 그런 적이 있었는가.

불교문화가 전래된 삼국시대 이래 불교는 지배층의 문화로 우리 문화 위에 군림했고, 근세 조선시대에 이르면 중국의 유가 논리가 우리 사회를 지배하면서 그 밑에 불교문화, 맨 밑에는 우리 문화가 위치하여 우리 문화는 천시되었다. 그러니 우리 문화에 긍지를 가질 수 없었고 민족의 정체성이 확립될 수 없었다. 조선시대 이후에는 외래문화인 유학을 지도이념으로 삼은 지배층과 우리 문화를 가지고 살아가는 서민층 사이는 문화적 괴리가 있을 수밖에 없었다. 구심점이 없는 사회가 될 수밖에 없었던 것이다. 그러한 상황에서 우리나라는 일본의 식민지가 되었다.

우리 사회에서 독립운동가나 학자들 사이에 민족주의를 강조하거나 논한 적은 있었다. 그러나 우리 민족 모두가 우리 문화에 대한 긍지를 가지고 이에 공감하며 동참한 민족주의가 실천된 적이 있었다고 말하기는 힘들다. 그럴 만한 준비가 된 적도 없었다. 외세, 특히 일제의 침략에 항거했던 광복전쟁을 한국적 민족주의라는 명칭으로 포장할 수 있을지는 모르지만 진정한 민족주의라고 말하기는 어려울 것이다. 그것마저도 광복 후 친일세력과 친서방세력의 득세에 밀려 몰락했다.

그러한 우리가 지금 이탈리아의 파시즘처럼, 독일의 나치즘처럼, 일본의 군국주의처럼 될까 봐 민족주의를 경계해야 한다고 목소리를 높이는 사람들이 있는 것이다. 우리 역사, 우리 문화, 우리 가치관을 말하거나 민족의 정체성을 확립해야 한다고 말하면 그 사람은 마치 파시즘, 나치즘, 군국주의를 옹호하는 역사의 죄인이나 되는 것처럼 몰아붙이는 것이 우리 현실이다.

이것은 마치 태권도나 유도를 배운 사람들 가운데 그것을 잘못 사용하는 사람을 보고 태권도나 유도를 배우면 깡패가 되니 배우지 말라고 하는 것과 같다. 태권도나 유도를 익혀 건강한 체력을 유지하면 정신도 건강해질 것이고 다른 사람의 폭력도 방어할 수 있는 능력을 갖게 될 것이니 얼마나 좋은가.

혹시 그것을 악용하여 다른 사람을 괴롭히는 사람이 있을 수 있겠지만, 기본 정신이 그런 것은 아니지 않은가. 그것 때문에 태권도나 유도 자체를 부정적으로 보아서야 되겠는가. 우리 사회에서 민족주의를 경계해야 한다고 주장하는 사람들은 태권도나 유도 도장의 문 앞에도 가보지 못한 사람이 그것을 배우면 깡패가 될 위험이 있으니 배워서는 안 된다고 주장하는 것과 같다.

요즘에는 세계화의 물결이 거세게 밀려오면서 우리 문화나 우리 가치관, 민족의 정체성 등의 중요성을 말하면 세계화시대에 무슨 잠꼬대 같은 소리냐는 반응을 보이는 사람들이 있다. 시대에 뒤떨어진 생각을 하고 있는 사람이라는 것이다. 그러나 세계화 주장은 하루아침에 출현한 것이 아니다.

그동안의 역사는 민족주의에서 국제주의를 거쳐 세계화시대에 이르렀다. 그러므로 세계화시대에 제대로 적응하려면 민족주의에 바탕을 둔 국제주의를 실천할 수 있는 능력을 갖추고 있어야 한다. 지금 우리는 민족주의를 경계해야 할 처지가 아니라 민족주의의 바탕 위에 국제주의를 실천할 수 있는 능력을 기르는 것이 중요하다.

·3·

우리 고대사 체계는 잘못되어 있다

'길을 잃었을 때는 출발점으로 되돌아가서 방향을 다시 점검해야 한다'는 말이 있다. 역사도 마찬가지다. 민족이 혼란을 맞았거나 나아갈 방향을 결정하고자 할 때 민족사의 출발점에 서서 자신들을 돌아볼 필요가 있다. 따라서 민족사의 출발점이 잘못되어서는 안 된다. 출발점이 잘못되어 있다면 그 민족은 출발점마저 잃어버리고 헤매게 될 것이다.

그런데 우리 고대사의 출발점에는 그냥 넘어갈 수 없는 아주 중요한 잘못이 있다. 그것은 고대사의 체계다. 우리 고대사는 단군조선-준왕-위만조선-한사군(漢四郡)-여러 나라 시대-삼국시대-통일신라시대로 되어 있다. 이 체계는 사실과 다르다.

이 잘못은 준왕이 단군조선의 왕으로 서술된 것에서 시작된다. 준왕은 단군조선의 왕이 아니라 중국 서주에서 고조선(단군조선)으로 망명한 기자의 후손이었다. 그리고 준왕, 위만조선, 한사군은 계승 관계에 있다. 중국 서한에서 망명한 위만은 기자의 후손인 준왕의 정권을 빼앗아 위만조선을 건국했고 서한은 위만조선을 멸망시킨 뒤 그 지역에 낙랑군, 진번군, 임둔군, 현도군 등의 한사군을 설치했다. 이러한 사실은 한국과 중국의 모든 문헌에 기록되어 있다.

여기서 중요한 것은 기자나 준왕이 단군조선의 뒤를 잇지 않았다는 점이다. 그런데도 이들이 단군조선의 뒤를 이은 것으로 잘못 서술되어 준왕의 뒤를 이은 위만조선과 한사군이 모두 우리 역사의 주류에 위치하게 된 것이다.

이러한 잘못은 고려시대에 쓰인 『제왕운기』에서 시작되었다. 이 책에서 단군조선이 끝난 뒤 중국의 기자가 그곳에 와서 새로운 왕조를 열었다고 기록되어 있다. 이것이 옳다면 기자나 그 후손인 준왕의 정권은 단군조선과 같은 곳에 있었던 것이 되고 위만조선과 한사군은 기자 일족의 정권과 더불어 한국 역사의 주류를 이루었다는 것이 된다.

이러한 고대사 체계 인식은 근세 조선시대로 이어져 단군조선을 전조선, 기자조선을 후조선이라 부르다가 여기에 위만조선이 추가되었다. 그리하여 고조선이라는 명칭을 단군조선, 기자조선, 위만조선을 가리키는 것으로 사용하기에 이르렀다. 이른바 '삼(三)조선설'이 된 것이다. 이러한 인식은 『삼국유사』 〈고조선〉조를 잘못 해석하도록 만들었다.

『삼국유사』〈고조선〉조에 보이는 "(단군이) 나라를 다스린 지 1,500년 되는 해인 서주 무왕이 즉위한 기묘년에 기자를 조선에 봉하니 단군은 곧 장당경으로 옮겼다가 후에 아사달로 돌아와 은거하다가 산신이 되었다[御國一千五百年 周虎(武)王卽位己卯 封箕子於朝鮮 壇君乃移藏唐京 後還隱於阿斯達爲山神]."는 기록을 단군조선은 건국 후 1,500년 되던 해에 기자가 조선에 봉해짐으로써 끝나고 그 뒤를 이어 기자가 통치자가 되어 기자조선이 시작된 것으로 해석했다.

그러나 위 기록은 기자가 조선에 봉해진 뒤에도 단군은 장당경과 아사달로 옮겼다고 했다. 도읍을 옮긴 것이다. 그러므로 『삼국유사』〈고조선〉조는 기자가 봉해짐으로써 단군조선이 끝났다고 말한 것이 아니라, 기자가 조선에 봉해진 것과 단군조선이 장당경으로 도읍을 옮긴 것은 서로 관계가 있다고 말하고 있는 것이다.

기자가 조선에 봉해진 뒤에도 단군조선은 존재하고 있었던 것이다. 이 점을 분명하게 해주는 것은 『삼국유사』〈고조선〉조의 말미에 단군이 아사달에서 산신이 되었다고 말하면서 "그 수명(단군조선의 기간)은 1,908년이었다."고 적고 있다는 점이다. 단군조선의 수명은 1,500년이 아니라 1,908년이라고 말하고 있는 것이다.

따라서 단군조선과 기자조선의 관계에 대한 『삼국유사』〈고조선〉조와 『제왕운기』 기록은 매우 큰 차이가 있다. 『삼국유사』는, 기자가 그곳으로 망명 온 뒤에도 단군조선은 도읍만 옮겼을 뿐 여전히 존재하고 있었다고 말하고 있고 『제왕운기』는 단군조선이 망한 뒤 기자가 조선에 와서 통치자가 되었다고 말하고 있다. 근세조선 이후 오늘에 이르기까지 거의 모든 기록은 기본적으로 『제왕운기』의 견해를 이어받거나 발전시킨 것이다.

한편 근대적인 역사 연구가 시작되면서 단군조선, 기자조선, 위만조선 가운데 기자조선의 존재를 부인하는 견해가 제기되었다. 기자가 그 옛날에 서주에서 조선(단군조선)까지 먼 거리를 왔다는 것은 있을 수 없는 일이라는 것이다. 중국인들이 주변 민족의 역사와 문화를 중국 중심으로 만들기 위해 기자의 조선 이주설을 만들었을 것으로 보았다. 곧 기자조선은 꾸며낸 이야기라는 결론이 나는 것이다.

그렇다면 삼조선 가운데 상당한 기간을 차지하는 기자조선을 대신할 정치세력이 있어야 했다. 그래서 그 기간을 '한씨조선'으로 부르자는 견해와 '예맥조선'으로 부르자는 견해가 제기되었다.

한씨조선설은 기자의 후손인 준왕이 위만에게 정권을 빼앗기고 망명한 뒤 그 지역에 거주하던 준왕의 자녀와 그 일족들의 성을 한(韓)이라 했다는 『위략』의 기록을 근거로 하고 있다. 곧 기자조선의 주체세력이 한씨였으므로 기자조선을 한씨조선으로 부르자는 주장이다.

반면, 예맥조선설은 고대 우리 민족 형성의 주체세력을 예맥족(濊貊族)으로 보고 이들이 기자조선 시기에도 주체세력이었을 것이므로 기자조선 기간을 예맥조선으로 부르자는 것이다. 한씨조선설이나 예맥조선설은 기자조선의 명칭만을 바꾸었을 뿐 기본적으로 삼조선설에서 출발하고 있다.

요즘 통용되는 한국사 개설서나 교과서에서는 "『삼국유사』에 고조선은 서기전 2333년에 건국되었다고 기록되어 있다."고 설명한 뒤 준왕의 조상은 말하지 않고, 고조선의 마지막 왕인 준왕에게서 위만이 정권을 빼앗아 위만조선을 건국했다고 서술하고 있다. 서기전 2333년에 건국된 고조선을 단군조선으로 인정한다면 준왕은 단군조선의 왕이었다는 뜻으로 해석된다. 이것도 기본적으로 단군조선, 기자조선, 위만조선의 삼조선설이 변모된 것이다.

필자는 일찍이 삼조선설에 근본적인 문제가 있음을 지적한 바 있다. 우리는 『삼국유사』 기록에 주의를 기울일 필요가 있다. 『삼국유사』는 단군조선과 기자조선을 계승 관계가 아니라 병존 관계로 보았다. 기자세력이 조선에 자리 잡은 뒤에도 단군조선은 존재하고 있었다고 말하고 있다. 이 기록이 옳다면 기자 세력은 고조선 영토의 일부 지역만을 차지하고 있었던 것이다. 그렇다면 기자의 후손인 준왕이나 준왕에게 정권을 빼앗아 건국된 위만조선, 위만조선이 멸망되고 설치된 한사군 등은 단군조선 영토의 일부 지역에 설치되어 단군조선과 병존했다는 것이 된다.

이 점을 밝히기 위해서는 기자조선과 위만조선 그리고 한사군의 위치를 확인할 필요가 있다. 그곳이 단군조선과 동일한 지역인지 그렇지 않은지를 알아볼 필요가 있는 것이다. 중국의 『한서(漢書)』 「지리지(地理志)」, 『진서(晉書)』 「지리지」, 『통전(通典)』, 『대명일통지(大明一統志)』 등의 기록에 따르면 기자는 오늘날 요서 서부인 난하 하류 유역에 망명해 있었다. 위만조선은 이곳에서 건국되어 오늘날 요서 지역으로 영역을 넓혔다. 한사군도 요서 지역에 설치되어 있었다. 이 지역은 원래 단군조선의 서부 변경이었다.

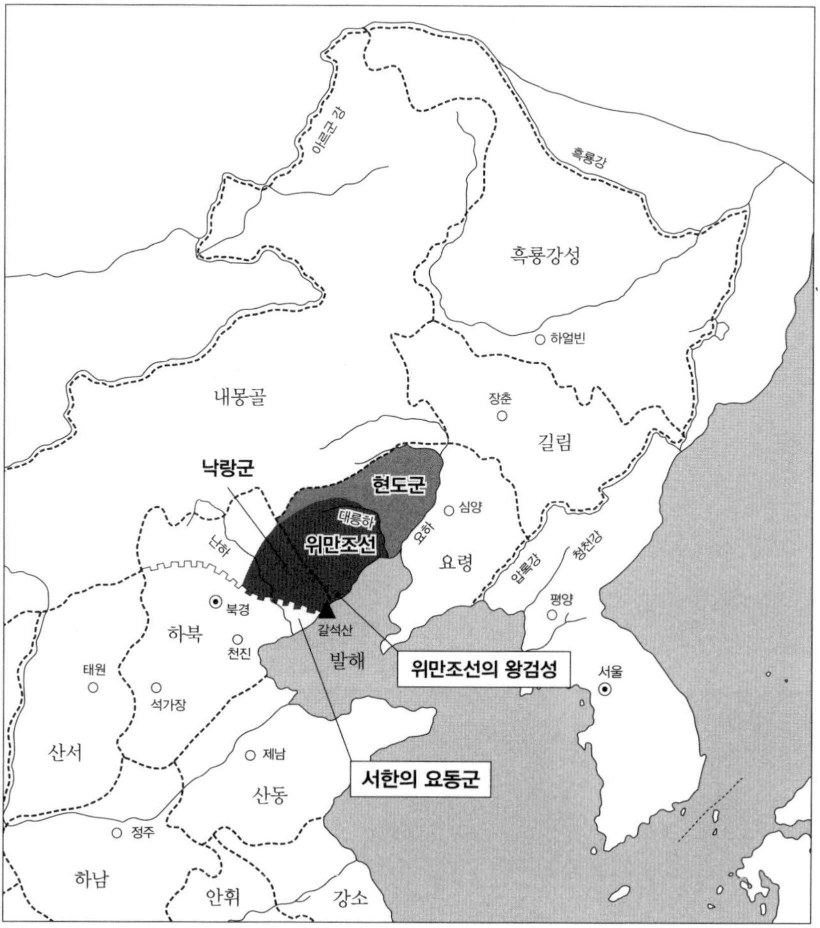

위만조선과 한사군의 위치도. 위만조선과 한사군은 오늘날 요서 지역에 있었다. 위만조선은 기자국의 정권을 빼앗아 건국한 뒤 영토를 동쪽으로 넓혔으므로 기자국은 위만조선의 서부에 있었다. 이들이 있었던 오늘날 요서 지역은 본래 고조선의 서부 변경이었다. 그러므로 이들은 고조선과 동서로 대치하고 있었던 것이다.

이러한 사실은 『제왕운기』 이래 통용되어온 단군조선, 기자조선, 위만조선, 한사군을 계승 관계로 본 고대사 체계가 잘못된 것이며 단군조선과 기자조선을 병존 관계로 본 『삼국유사』의 기록이 옳다는 것을 뒷받침해준다. 기자조선, 위만조선, 한사군의 흥망은 단군조선의 서부 변경 즉, 단군조선과 중국의 국경 지대에서 일어난 사건들이며, 단군조선은 이러한 사건들이 일어나면서 서부 변경의 영토가 줄어들기는 했지만 여전히 건재했던 것이다.

단군조선의 뒤를 이은 세력은 기자조선이나 위만조선 또는 한사군이 아니라 단군조선 내부의 지방 세력이었다가 독립한 동부여, 고구려, 읍루, 동옥저, 동예, 최씨낙랑, 한(삼한) 등 여러 나라였던 것이다. 그러므로 우리 역사의 흐름은 고조선(단군조선)-열국시대(여러 나라)-사국시대(고구려, 백제, 신라, 가야)-남북국시대(신라, 발해)-고려 등으로 체계화해야 하고 기자국, 위만조선, 한사군은 단군조선과 중국의 국경 지대에서 일어났던 사건으로 취급되어야 하는 것이다.

우리 고대사 체계의 잘못은 매우 중요한 문제를 낳는다. 그것은 우리를 주체적인 역사 전개의 능력이 없는 민족으로 전락시키고 있다. 우리 민족이 세운 단군조선은 중국에서 망명한 기자로 말미암아 교체되고 기자의 후손인 준왕은 중국에서 망명한 위만에게 정권을 빼앗기고 말았으며 그 뒤 위만조선을 멸망시킨 중국은 그 땅을 자신들의 영토로 만들어 그곳에 그들의 행정구역인 낙랑군, 임둔군, 진번군, 현도군 등 4개의 군을 설치했다는 것이 된다.

그렇다면 우리 민족은 기자가 망명해 온 서기전 1100년 무렵부터 낙랑군이 축출된 서기 313~315년 무렵까지 무려 1,400년 동안 중국인들의 지배를 받았다는 것이 된다. 이것이 사실이라면 그 이전에 단군조선이 존재했을지에 대한 의문이 생기게 되고 설사 존재했다 하더라도 그 세력은 지극히 미약했을 것이라는 생각을 할 수밖에 없다. 이런 점 때문에 단군조선의 실존 여부는 논란이 계속되고 있는 것이다.

그뿐만 아니라 우리 민족은 역사의 초기 단계부터 중국인들의 지배 아래서 성장한 무능력한 민족이 되고 마는 것이다. 이것이 사실이라면 어쩔 수 없지만 잘못된 것이라면 '반드시' 바로잡아야 할 과제다.

4

우리 역사에서 고대는 어느 시기인가

우리는 역사를 고대, 중세, 근세, 근대, 현대 등으로 시대를 구분한다. 이러한 시대 구분은 국가가 출현한 후의 역사를 시대별로 나눈 것인데 그것은 역사를 쉽게 이해하기 위해서이다. 곧 각 시대의 특징을 밝혀 비교함으로써 역사의 변천 과정을 명료하게 이해하기 위한 것이다.

이러한 시대 구분법은 근대적 역사 연구 방법과 더불어 서양에서 들어왔다. 그 이전의 우리 역사에는 왕조 단위의 명칭이 있었을 뿐 위와 같은 시대 구분법은 없었다. 서양 역사는 이러한 시대 구분이 비교적 분명하게 이루어져 있지만 우리나라 역사는 아직 그렇지 못하다.

인류의 역사는 크게 두 시대로 나누어진다. 국가 이전의 시대와 국가시대이다. 우리 학계에서는 국가 이전의 시대를 일반적으로 선사시대라 부르고 있으며 국가 출현 이후의 시대는 앞에서 말한 시대 구분법을 채택하고 있다.

필자가 여기서 말하려고 하는 것은 우리 역사에서 고대를 어느 시기로 잡아야 하느냐 하는 점이다. 고대는 국가가 출현한 뒤 그 사회와 문화 성격이 변화 없이 계속된 첫 단계의 기간을 말한다. 말하자면 국가가 출현한 후 동일한 성격의 사회와 문화로 이어져 온 첫 번째 단계인 것이다. 그 뒤 고대와 다른 새로운 성격의 사회와 문화로 변화되면 그 시대를 중세라고 부른다. 따라서 고대를 어느 시기로 잡느냐에 따라 우리 역사 전체를 이해하는 시각이 달라진다.

우리 역사에서 일반적으로 고대는 통일신라시대까지, 중세는 고려시대로 잡고 있다. 이 시대 구분법에 따르면 우리 역사에서 고대는 10세기 초에 끝나고 중세가 시작되는 셈이다. 10세기 초까지 새로운 사회와 문화의 단계로 진입하지 못하고 고대사회에 그대로 머물러 있었던 것이 된다.

이러한 시대 구분에는 문제가 있다. 통일신라시대까지를 고대로 잡은 것은 지난날 우리 역사에서 고대국가의 출현을 3세기 무렵으로 본 것에서 출발했다. 일제의 학자들은 『삼국사기』 기록 가운데 3세기 무렵까지의 내용은 신빙성이 없다고 보았다. 따라서 고구려와 백제, 신라 등이 서기전에 건국되었다는 『삼국사기』의 기록을 부인하고 이 나라들이 국가 단계의 사회에 진입한 시기를 3

세기 무렵으로 잡아야 한다고 주장했다. 그리고 3세기부터 통일신라시대까지는 사회와 문화 성격이 크게 변하지 않았으므로 같은 성격의 사회가 계속된 것으로 보았던 것이다.

여기서 문제가 되는 것은 우리 역사에서 국가 출현을 3세기로 보는 것이 과연 옳은가 하는 점이다. 국가의 출현을 3세기로 본다면 고조선과 그 뒤를 이은 여러 나라들[列國]은 국가가 아니었다는 것이 된다. 부여, 고구려, 백제, 신라, 가야 등도 3세기까지는 국가가 아니었다는 것이 되는 셈이다. 그뿐만 아니라 우리 민족은 이 시기까지 국가 출현 이전의 매우 낮은 수준의 사회에 머물러 있었다는 것이 된다.

근래의 연구 결과에 따르면 고조선은 청동기시대였고 사회와 문화 수준이 매우 높은 단계에 이르러 있었으며 법으로 통치한 사회였다. 이것은 고조선이 이미 국가 단계에 진입했음을 보여준다. 고조선이 국가 단계의 사회였다면 그 뒤를 이은 여러 나라들은 당연히 국가 단계의 사회인 것이다.

그렇다면 문제가 되는 것은 고조선시대부터 통일신라시대까지 사회 성격이 동일했는가 하는 점이다. 그렇지 않았다. 열국시대 말기인 3~4세기에 정치, 경제, 사회, 문화 등에서 큰 변화가 있었다. 정치적으로는 지방분권제에서 중앙집권제로 바뀌었고, 경제 면에서는 집단생산에서 개체생산으로 변하고 토지소유제가 크게 발달하기 시작했으며, 사회 면에서는 신분의 개편이 일어났고, 문화 면에서는 외래 종교인 불교가 전래되어 지배 문화로 등장하게 되었다.

이러한 변화는 이전 시기와는 다른 새로운 성격의 사회로 이행했음을 보여주는 것이다. 고대의 종말과 중세의 시작이었던 것이다. 따라서 우리 학계에서 고대로 잡고 있는 삼국시대, 통일신라시대는 고대가 아니라 중세에 해당하는 것이다. 중세에 포함해야 할 4세기 말부터 10세기까지 무려 600여 년 동안을 고대에 포함시키고 있는 셈이다.

이렇게 되면 우리 역사의 발전 과정은 전체적으로 그만큼 낮게 평가되기 마련이다. 우리 역사에 대한 자신감 없는 연구 태도가 언제까지 계속될 것인지 참으로 안타깝다.

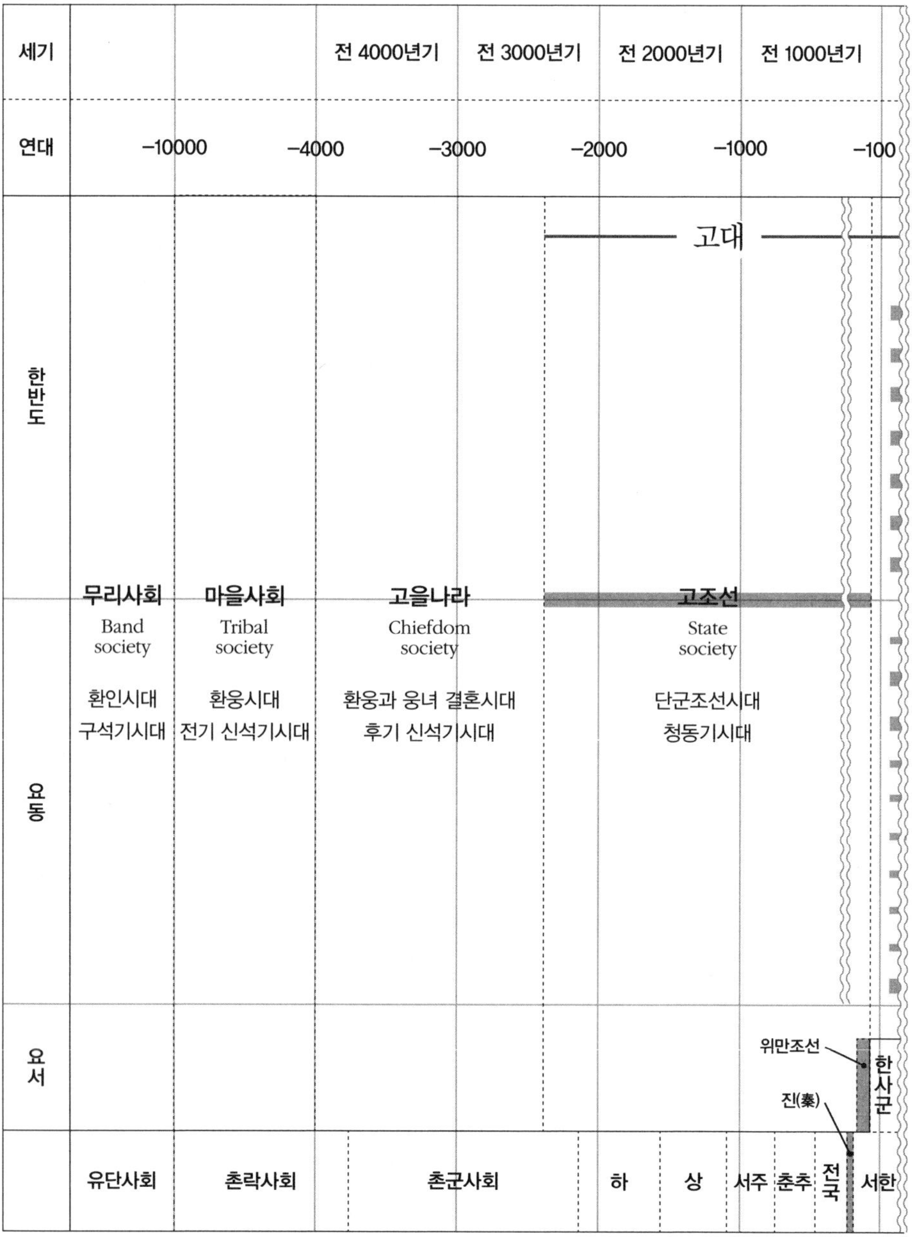

한국 고대사 도표. 현행 한국사에서는 일반적으로 고대를 통일신라시대까지 잡고 있으나 고대는 고조선 건국부터 400년 무렵까지로 보아야 한다.

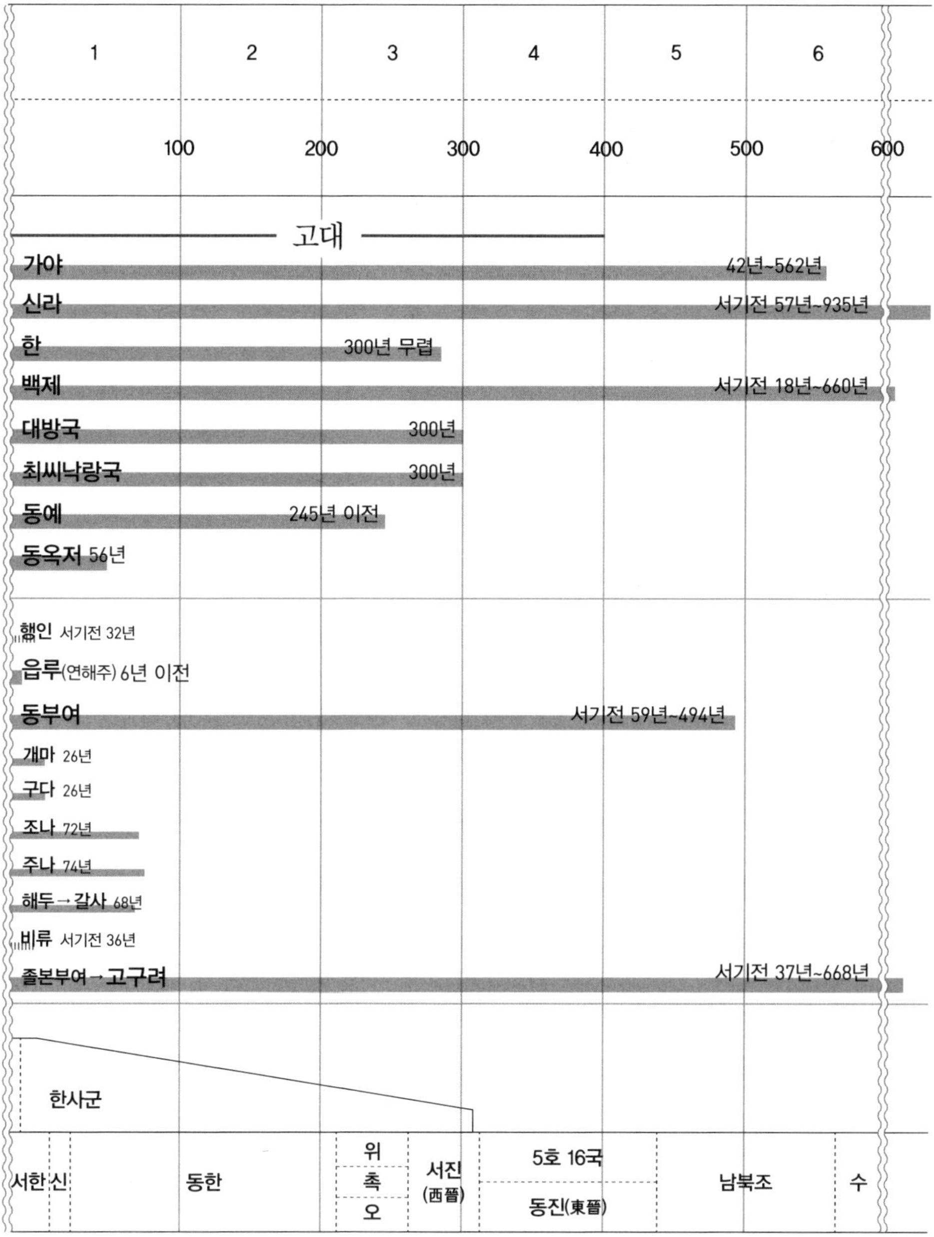
1
2
3
4
5
6
100
200
300
400
500
600
고대
가야 42년~562년
신라 서기전 57년~935년
한 300년 무렵
백제 서기전 18년~660년
대방국 300년
최씨낙랑국 300년
동예 245년 이전
동옥저 56년
행인 서기전 32년
읍루(연해주) 6년 이전
동부여 서기전 59년~494년
개마 26년
구다 26년
조나 72년
주나 74년
해두→갈사 68년
비류 서기전 36년
졸본부여→고구려 서기전 37년~668년
한사군
서한
신
동한
위
촉
오
서진(西晉)
5호 16국
동진(東晉)
남북조
수

5

초점을 통일시대에 맞춰야 한다

우리는 민족 통일이라는 과업을 눈앞에 두고 있다. 우리가 원하는 통일은 단순히 남북한이 하나로 합해지는 영토의 통합이 아니라 마음까지도 하나가 되는 진정한 겨레의 통일이다. 그런데 우리 역사 교육을 보면 통일의식을 길러내는 것과는 거리가 멀다는 생각을 하게 된다.

현재 통용되고 있는 한국사 개설서나 교과서를 보면 우리 역사는 분열시대에서 시작하고 있다. 우리 민족이 처음으로 세운 고조선에 대해 언급이 있기는 하지만 내용이 너무 빈약하여 그러한 나라가 실제로 있었는지 분명하게 인식할 수 없을 정도다. 그리고 그 뒤를 이어 부여, 고구려, 읍루, 동옥저, 동예, 삼한 등 여러 나라

강화도 마리산의 참성단. 사적 136호인 참성단은 인천시 강화군 마리산 정상에 있는데 『고려사』에는 고조선의 단군이 하느님에게 제사를 지내던 곳이었다고 기록되어 있다. 둥근 모양의 하원단과 네모 모양의 상방단으로 구성되어 있어 하늘은 둥글고 땅은 네모라는 고대사상에 의거하여 축조한 것임을 알 수 있다. 그 안에서 사람들이 제사를 지냄으로써 하늘, 땅, 사람이 삼위일체가 되도록 설계한 것이다. 우리 민족의 구심점이 될 수 있는 유적이다.

가 서술되어 있는데 내용이 간략할 뿐만 아니라 사회와 문화 수준이 매우 낮은 것으로 되어 있다. 그래서 이보다 앞선 고조선이 과연 실제로 있었던 나라인지에 대해 의문을 갖게 만든다.

역사의 본격적인 서술은 삼국시대부터다. 고구려, 백제, 신라의 대립과 항쟁시대부터 본격적으로 서술되어 있다. 필자는 이 시기에 가야도 존재했으므로 삼국시대라는 용어는 적절치 않으며 이 시대를 사국시대라고 불러야 한다고 주장하고 있지만, 아무튼 이 시대부터 본격적인 우리 역사의 서술이 시작된다. 그러므로 이러한 역사를 교재로 공부한 우리에게는 고구려, 백제, 신라, 가야로 분열되어 서로 싸우던 이른바 삼국시대가 가장 기억에 남는다.

그리고 그 뒤의 역사에서 가장 기억에 남는 것은 근세 조선시대의 당쟁이다. 지금은 당쟁을 붕당정치로 표현하고 있지만, 지난날에는 당쟁으로 서술했기 때문에 나이가 많은 사람들은 근세 조선시대를 생각하면 당쟁이 떠오른다. 이러한 우리 역사를 배우다 보면 우리 민족은 서로 헐뜯고 싸우기를 좋아하며 분열만을 일삼는 어쩔 수 없는 민족이라는 생각을 하게 된다.

그런데 중국 역사를 보자. 중국 역사에 깊은 지식을 가지고 있지 않은 사람이라도 중국 역사에서 먼저 떠오르는 왕조를 말해보라면 아마도 진, 한, 수, 당, 송, 원, 명, 청 등이라고 대답할 것이다. 우리가 이렇게 대답하는 것은 중국 역사는 초점이 이러한 왕조들에 맞춰져 있기 때문이다. 이들은 통일왕조이다. 중국이 하나로 통일되어 있던 시대이다.

이와 반대로 우리 역사는 초점이 분열에 맞춰져 있다. 삼국시대가 그러하고 조선시대의 당쟁이 그러하다. 중국도 분열시대가 있었다. 진·한과 수·당시대 사이에는 삼국양진남북조시대(또는 삼국위진남북조시대), 수·당과 송시대 사이에는 오대십국시대라는 분열시대가 있었고 송과 명·청 사이에는 요, 금, 원 등의 이민족에 의한 통치시대가 있었다.

그러나 중국사에서는 그러한 시대에 초점을 맞추지 않는다. 이 시대를 다음 통일시대로 가는 과도기 또는 재통일의 준비기 정도로 처리하고 있다. 이민족에 의한 지배도 이민족이 중국에 동화되는 과정을 중요하게 서술하고 있다. 그러나 우리 역사에서는 분열과 전쟁 그 자체에 초점이 맞춰져 있다.

역사는 사실대로 서술되어야 한다. 그러나 여러 사실 가운데 어떤 것을 선택하여, 어떤 내용에 비중을 두어 싣느냐 하는 것은 그 책을 저술한 역사학자의 역사의식에 달려 있다. 우리 민족이 여러 나라로 분열되어 있던 시대를 평가할 때, 분열 그 자체에 무게를 두느냐 아니면 그 뒤에 오는 통일시대를 중요시하여 그 이행 과정으로 보느냐 하는 것은 역사의식의 문제인 것이다.

우리 역사에서 고대사를 삼국시대에, 그 뒤 시대는 근세조선의 당쟁에 초점을 맞춰 서술한 것은 일제가 만든 한국사 체계로서, 우리에게 분열의식을 심기 위한 것이었다. 고구려, 백제, 신라, 가야 가운데 가야는 임나일본부를 통해 일본의 지배를 받았다고 주장하면서 일본 영토에 포함시키고 고구려, 백제, 신라만을 한국사로 간주하여 삼국시대라 명명하고 이 세 나라가 서로 싸운 사실만을 강조함으로써 분열의식을 심어주었던 것이다. 그리고 근세조선시대의 정치적 논쟁을 당파 싸움으로 부각해 우리 민족은 서로 헐뜯고 싸움만을 일삼는 민족으로 서술했던 것이다.

그 영향은 지금까지도 심각하다. 오늘날 우리 사회에 팽배해 있는 이른바 지역감정이라는 것도 그러한 역사 교육의 영향인 것이다. 경상북도 사람들은 신라 후예, 경상남도 사람들은 가야 후예, 충청도·전라도 사람들은 백제 후예, 이북 사람들은 고구려 후예라는 생각이 잠재의식에 들어 있다. 역사 교육에서 강하게 심어준 삼국의 분립과 분열의식이 잠재의식에 자리하고 있다가 기회가 있을 때마다 현재의 의식으로 튀어나온다. 지역감정이 팽배한 우리 현실 상황을 보면서 일본인들은 쾌재를 부를 것이다. 자신들이

의도했던 역사 교육의 결과가 우리 사회에서 너무나도 잘 작동하고 있다고.

이제 우리는 역사 교육의 중요성을 깨달아야 한다. 그리고 지난날의 잘못된 역사 교육에서 벗어나야 한다. 우리 역사의 초점을 '분열'이 아닌 '통합'에 맞춰야 한다. 그러기 위해서는 우리 민족이 하나가 되어 처음 세운 나라인 고조선, 민족의 재통합을 이루어낸 고려, 고려를 계승한 근세조선과 대한민국, 일제와의 전쟁, 그리고 현대 등으로 민족사의 초점을 맞춰 서술하는 작업이 절대적으로 필요하다.

· 저자 후기 ·

홀로서기, 그러나 외롭지 않다

학자는 홀로서기를 할 줄 알아야 한다. 학자들이 할 일은 그동안 알려지지 않았던 새로운 것을 밝혀내거나 잘못 전해온 것을 바로잡는 것이다. 학자는 자신의 생각이 옳다는 것을 입증하기 위해 논문이나 연구 저서를 출간한다. 따라서 그의 주장은 새로운 것일 수밖에 없다.

이러한 새로운 주장이 바로 동조자를 얻을 수는 없다. 발표자는 깊고 오랜 연구를 거쳤기 때문에 그 결과에 동의하려면 그 발표자 정도의 이해 수준에 이르러야 하는 것이다. 따라서 학자는 새로운 연구 결과를 발표한 뒤 그것을 이해하고 동조하는 학자가 나타날 때까지 홀로서기를 해야 한다.

그래서 학자는 외롭다. 심오한 연구를 계속하는 학자일수록 더욱 그러하다. 그러므로 우리는 새로운 주장을 내놓은 학자에게 따뜻한 격려를 보낼 필요가 있다. 그의 주장에 반론을 제기하는 경우라도 그것을 한 단계 발전시키기 위한 협력 차원에서 이루어져야 한다. 비난의 성격을 지녀서는 안 된다. 특히 우리 역사 연구의 경우는 더욱 그러하다. 우리 역사는 어느 개인이나 집단의 것이 아니라 우리 민족 모두의 것이기 때문이다.

우리 사회는 이러한 풍토가 아쉽다. 새로운 주장을 받아주는 아량이 부족하다. 학문을 벗어난 공격, 심지어 인신공격까지 서슴없이 하는 경우가 있다.

필자는 1980년대 초부터 우리 고대사에 잘못된 점이 많음을 지적해왔다. 그것은 객관적으로 연구한 결과였다. 잘못된 역사를 그대로 둘 수는 없다고 생각했다. 그래서 그것들을 지적했던 것이다. 필자는 그러한 발표를 하면서 학계에서 박수는 받지 못하더라도 함께 연구해보자는 정도의 관심을 끌 수 있을 것으로 기대했다. 그러나 그것은 너무 순진한 생각이었다.

어느 학술 발표장의 청중 앞에서 필자는 대선배 학자의 모진 질타를 받았다. "땅만 넓으면 좋은 줄 알고 터무니없는 주장을 하고 있다."는 것이었다. 필자는 그날 중국 문헌을 검토한 결과 고조선의 영역이 종래에 우리 학계에서 생각한 것보다 훨씬 넓었다는 견해를 발표했던 것이다. 오늘날 고조선의 영역을 한반도와 만주를 포괄한 지역으로 보는 것이 우리 학계의 통설처럼 되어 있지만, 당시 우리 학계에서는 고조선을 대동강 유역에 있었던 아주

작고 미약한 세력으로 인식하고 있었다.

그런데 필자에 대한 압력은 그것으로 그치지 않았다. 필자가 재직하고 있는 학교의 총장 앞으로 투서가 들어왔다. 필자를 학교에서 쫓아내라는 것이었다. 그 이유는 대선배 학자의 학설을 따르지 않은 것은 선배에 대한 예의를 지킬 줄 모르는 행동인데 그런 사람이 어떻게 교육자가 될 수 있느냐는 것이었다. 필자는 학교 입장이 난처하다면 학교를 그만둘 수도 있다는 의사를 표명했지만 총장은 새로운 학설을 내놓는 것이 학자가 할 일이 아니겠냐면서 오히려 필자를 격려해주었다.

그 뒤 정보기관에서 전화를 받았다. 잘 알려져 있듯이 1980년대는 그런 곳에서 전화가 온다는 것만으로도 가슴이 덜컥 내려앉던 시대였다. 확인할 것이 있으니 만나자는 것이었다. 필자의 연구실에서 만나면 어떻겠냐고 했더니 곤란하다면서 밖에서 만나자고 했다. 그가 확인하고자 했던 것은 필자가 주장하고 있는 우리 고대사의 내용이었다. 필자가 북한 학설을 유포하면서 학계를 혼란하게 하고 있으니, 조사해달라는 학계의 요청이 있어서 국장에게 지시를 받았다는 것이었다.

당시 고조선에 대한 연구는 북한이 남한보다 활발하게 진행하고 있었고 고조선의 영역을 더 넓게 보고 있었다. 그런데 필자가 고조선의 영역을 만주까지 넓게 잡자 이것을 북한 학설을 유포하는 것이라고 모함했던 것이다. 여기서 분명히 알아야 할 것은 고조선의 영역을 만주까지로 본 견해는 신채호, 장도빈, 정인보 선생 등 민족주의 사학자들이 이미 오래전에 제기한 바 있다는 점이다. 그러나 우리 학계에서는 오히려 그것을 외면해왔다.

필자가 제기한 견해는 중국 고대 문헌을 검토하면서 얻어낸 것으로서 고조선의 영토를 넓게 본다는 점에서는 민족주의 사학자들이나 북한 학자들의 견해와 비슷하다고 말할 수 있을지 모르지만, 그 내용이 일치하는 것은 아니다. 설사 일치한다 하더라도 문제될 것은 없다. 역사 연구는 사실을 밝히는 일이므로 그것이 사실과 일치하느냐 그렇지 않으냐가 중요한 것이다. 사실과 일치한 연구 결과는 모두 같을 수밖에 없는 것이다.

양심을 걸고 말하지만 필자가 우리 고대사에 문제가 있음을 발견한 것은 민족주의 사학자들이나 북한 학자들의 영향을 받은 것이 아니었다. 필자는 원래 중국 고대사를 전공한 사람으로 중국의 사료를 조사하는 과정에서 우리 고대사의 문제점을 발견하게 되었던 것이다.

그 뒤 그러한 문제점을 바로잡아야 할 필요를 느끼고 우리 고대사 연구에 착수하면서 민족주의 사학자들과 북한 학자들이 부분적으로 필자와 비슷한 견해를 이미 발표했다는 사실을 알게 되었다. 필자가 펴낸 『고조선 연구』와 『한국 열국사 연구』를 비롯한 여러 권의 단행본과 60편이 넘는 우리 고대사에 관한 논문들은 필자의 독자적인 연구 내용이 대부분이다. 그런데 이러한 점을 애써 외면하고 순수한 연구자를 사상범이나 되는 것처럼 음해한 것은 끔찍한 일이 아닐 수 없다.

또한 필자를 비정통 역사학자인 것처럼 몰아붙이기도 했다. 그들은 우리나라의 역사학자들을 강단 사학자와 재야 사학자로 분류하고 필자를 재야 사학자에 포함시켰다. 그 기준은 알 수 없지만 필자의 주장은 비정통 역사학자의 주장이므로 믿을 만한 것이 못된다는 뜻을 담은 것 같다. 학문 연구를 하는 데 강단과 재야라는 분류가 무슨 의미가 있는지, 그러한 구분이 필요한지 잘 모르겠지만 필자는 역사학을 전공하여 박사 학위까지 받았고 외국의 명문대학에서 공부도 했으며 현직이 대학교수인데 필자를 강단 사학자에서 제외하는 사람들의 생각을 이해할 수가 없다.

또 필자가 일부 사학자들을 식민사관을 가진 학자라고 비난했다고 허위 사실을 유포하기도 했다. 필자는 그런 말을 하거나 그런 글을 쓴 적이 없다. 필자는 기본적으로 다른 사람을 칭찬은 하지만, 비평이나 비난은 하지 않고 살려고 노력하고 있다. 그래서 서평 쓰는 것도 삼간다. 올바른 서평을 쓰려면 비판을 해야 하는데 그것도 피하고 싶기 때문이다. 필자는 오직 필자가 할 일만 충실하게 하면서 살려고 노력하는 사람이다.

심지어는 고대사의 중요성을 역설하거나 민족의 가치관과 민족의 정체성 확립의 중요성을 강조하는 학자들은 모두 독재정권에 도움을 준 것처럼 매도하기도 한다. 독재정권이 역사의 중요성을 강조하고 그것을 정권 유지에 이용한 경우도 있었다. 그렇다고 하여 우리 민족의 정체성이나 우리 역사의 중요성을 말하면 모두 독재정권에 협력한 것인가. 역사 연구는 계속되어야 하고 그 중요성은 정권과 상관없이 강조되어야 할 문제가 아닌가.

이러한 모함을 하는 것은 필자를 포함한 고대사 학자들을 민주화에 역행한 사람들인 것처럼 매도하여 새로운 고대사 연구나 그 결과에 젊은이들, 특히 대학생들이 관심을 갖지 않도록 차단하기 위한 것이다. 그러나 필자 개인으로 말하면 역대 어느 정부나 정권 또는 기관이나 집단에서 연구비나 행정 지원을 받아본 적이 없다. 오히려 그러한 말을 유포하는 사람들이 정부나 정권 또는 기관이나 단체한테서 연구비 등을 포함한 여러 가지 혜택을 많이 받아왔다는 것은 세상이 다 아는 사실이다.

요즘은 우리 고대사를 논하거나 민족의 가치관 또는 민족 정체성의 중요성을 말하면 세계화의 시대에 뒤떨어진 생각을 하는 것으로 보는 사람들이 있다. 남북통일을 위한 민족 동질성 회복의 차원에서나, 우리 문화와 외래문화가 접촉하면서 새로운 문화를 창출한다는 점에서 볼 때 세계화가 심화될수록 우리 문화를 유지 발전시키고 우리 가치관과 정체성을 확립하는 일은 무엇보다 중요한 일인데도 말이다.

필자는 우리 고대사 특히, 고조선을 연구하고 그에 대한 새로운 연구 결과들을 발표한 탓에 선배 교수에 대한 예의도 지킬 줄 모르는 놈, 사상적으로 의심스러운 놈, 남의 것을 베껴먹기나 하는 놈, 역사를 정통으로 공부하지 못한 놈, 독재정권에 도움을 준 놈, 비민주적인 사고를 가진 놈, 세계화시대에 뒤떨어진 놈 등으로 매도된 셈이다.

그러한 매도에 필자는 한 번도 변명이나 반박을 해본 적이 없다. 묵묵히 연구 생활에만 정진하면서 논문과 저서를 통해 필자의 주장을 계속해왔을 뿐이다. 필자가 그러한 자세를 취한 것은, 첫째는 사필귀정(事必歸正)이라는 말을 믿기 때문이요, 둘째는 지금까지의 삶의 자세와 평화를 깨뜨리고 싶지 않기 때문이며, 셋째는 남을 모함하는 사람들과 똑같이 되고 싶지 않기 때문이다.

이제 필자를 비방하거나 공격한 학자들에게 한마디 묻고 싶다. 필자가 고조선을 포함한 우리 고대사에 대해 새로운 견해를 내놓기까지 그대들은 무엇을 했는가. 우리 고대사에 아무런 문제가 없어서 지난날의 내용을 답습하면서 침묵만을 지켜왔는가. 그렇다면 어찌해서 필자가 새로운 주장을 한 뒤에야 그대들도 기존의 내용과 다른 주장을 하기 시작했는가. 그것은 바로 기존의 고대사 내용이 잘못되어 있었다는 것을 스스로 인정한 것이 아닌가.

지금 필자는 외롭지 않다. 그동안 필자의 견해에 동의하는 학자와 격려의 박수를 보내주는 사람들이 많이 늘었기 때문이다. 필자를 매도했던 학자들까지도 요즘은 고조선의 영역을 만주까지로 넓게 보고 있으며 그 문화 수준도 지난날보다 훨씬 높게 평가하고 있다. 필자는 우리 고대사 특히 고조선의 역사에 대한 시각이 이렇게 바뀌었다는 사실만으로도 매우 기쁘다. 우리 민족사를 바로잡는 데 조금은 이바지했다고 생각하기 때문이다.

지금에 와서 이렇게 그동안의 사정을 밝히는 것은 우리 사회의 병리 현상을 필자의 체험으로 알림으로써 정의롭고 성실하게 살아가는 사람들을 외롭지 않게 해주자는 뜻에서이다. 격려의 박수를 보내고 따뜻하게 안아주는 사회를 만들자는 뜻에서이다. 그래야만 우리 겨레 모두가 행복해지지 않겠는가!

우리 고대사,
상상에서
현실로

초판 1쇄 펴낸 날 2016. 8. 30.

지은이 윤내현
발행인 양진호
발행처 도서출판 만권당

등 록 2014년 6월 27일(제2014-000189호)
주 소 (04045) 서울시 마포구 양화로 56 동양한강트레벨 718호
전 화 (02) 338-5951~2
팩 스 (02) 338-5953
이메일 mangwonbooks@hanmail.net

ISBN 979-11-958723-0-5 (04910)
979-11-957049-6-5 (세트)

이 도서의 국립중앙도서관 출판예정도서목록(CIP)은 서지정보유통지원시스템 홈페이지(http://seoji.nl.go.kr)와 국가자료공동목록시스템(http://www.nl.go.kr/kolisnet)에서 이용하실 수 있습니다.(CIP제어번호: CIP2016020153)